티베트로 향한 사람들

티베트로
향한
사람들

심혁주 지음

책과함께

차례

여행,

그건 혀와 눈을 위한 순간 이동이 아닙니다.
소리를 듣고 냄새를 맡는 시간의 연속일 뿐입니다.
공간을 통해 시간을 움직이는 겁니다.
그리고 무엇보다 죽음을 생각하는 것입니다.
그것이 여행의 전부, 라고 생각합니다.

프롤로그

유럽의 15세기가 황금과 후추를 찾아 바다를 건너는 시대였다면, 16세기는 대항해와 종교개혁의 시대라고 말할 수 있다. 이 시기 유럽은 항해를 통한 지리적 발견이 증가했고 그와 비례하게 무역과 교류도 늘어났다. 포르투갈은 대항해 시대를 선도한 대가로 인도와 브라질, 아프리카를 경험하게 되었고, 스페인에선 카를로스 1세가 즉위하면서 해가 지지 않는 스페인의 역사가 시작되었다. 같은 시기 독일에선 마르틴 루터에 의해 종교개혁이 시작되었다. 17세기에 시작된 네덜란드의 부흥은 백년 동안 지속되었는데 해군과 상선에 의존한 네덜란드동인도회사의 발전과 유리 렌즈 산업의 발달이 큰 영향을 미쳤다. 이 시기에는 목재, 대마, 향신료, 튤립도 거래되었는데 네덜란드는 튤립으로 무역과 상업의 수직 이동이 이루어질 만큼 흥성했다. 18세기는 영국, 네덜란드, 프랑스, 독일을 중심으로 한 유럽의 국가들이 동아시아를 대상으로 전면적이고도 체계적인 탐험이 이루어졌는데 중국과 인도가 그 중심이었다.[1]

서구가 과학과 기술의 발달, 인류사와 자연사에 대한 학문적 진화에 이르는 동안 동양은 전혀 다른 시간을 보내고 있었다. 세계의 중심이라고 자부하던 중국은 아편전쟁을 기점으로 시련을 넘어 왕조의 몰락을 맞이하고 있었다. 중국 역사상 가장 진보적인 황제들을 배출하고, 자랑할 만한 인구를 보유하며, 차와 비단을 생산하고, 수학과 과학, 그것을 바탕으로 하는 천문학이 발달했던 청淸은 내부적 혼란과 외부(영국, 러시아, 일본)와의 마찰로 무척이나 당황하던 시기였다. 이때 서구의 탐험가들이 기민하게 움직였다. 그들은 아직 지도에 드러나지 않은 중국의 서쪽인 윈난, 쓰촨, 티베트 일대로 향했다. 그곳에는 원죄가 성립되지 않은 사람들이 살고 있다고, 희귀한 꽃과 식물이 다양하다고 그리고 무엇보다도 황금과 온천이 널려 있는 붉은 땅이 존재한다는 소문이 돌았기 때문이다.

이 책에서는 그 시기 티베트로 향한 다섯 명의 도전자들을 소개하고자 한다.

여행가, 알렉산드라 다비드 넬
식물학자, 조지 포레스트
산악인, 하인리히 하러
탐험가, 스벤 헤딘
예수회 수사, 이폴리토 데시데리

이들에게는 공통점이 있었다. 첫째, 육로를 통해 티베트로 향했다. 둘째, 국가의 부름을 받거나 개인적인 사명이 있었다. 셋째, 관광이나 유람이 아닌 목숨을 건 여행을 했다. 넷째, 노정과 체류 기간이 최소 3년 이상이었다. 다섯째, 인류학, 민속학, 민족학, 생물학, 병리학, 생태지리학에 관한 소양이 있었다. 여섯째. 자신의 체험이나 발견을 일기나 여행기, 메모나 그림 등으로 남겼다. 작품과 작가 사이의 거리는 오직 동경과 실망으로만 채워질 수 있다는 것을 알면서도 말이다.

이들은 모두 티베트에 대한 열정과 집착으로 무장한 도전자들이었으며 헤아릴 수 없을 정도의 많은 실패와 좌절을 경험한 실패자들이었다. 젠체하는 공적인 겉모습을 버리고 안락한 사생활을 포기한 시대의 역행자들이었다. 행위의 노련함이나 의식적으로 드러나는 학식, 어설픈 재능을 자랑하기보다는 여정에서 목격하거나 발견되는 풍경과 사건을 쫓아다니는 추적자였다. 책 속에서는 이들이 티베트로 향한 배경과 이유, 노정과 성취, 실패와 좌절 등을 따라갔고, 그들이 남긴 흔적과 고백을 살펴보았다. 따라서 이 책은 다섯 명의 개별적 이야기를 따로 담고 있지만, 한편으로는 그들이 마주했던 경이로운 자연과 다양한 인종에 관한 혼잣말, 죽음에 가까운 사건과 사고에 대응했던 태도와 몸짓에 관한 정신적 탐구서라고도 할 수 있다.

읽다보면 알게 되겠지만, 책에서 살펴본 다섯 명의 여행자들은 국가, 직업의식, 소명감, 목표, 배경, 성취감, 성별 등이 저마다 다르다. 따라서 그들이 마주한 티베트의 자연과 풍토, 종교와 신앙, 호수와 바위, 빛과 어둠, 소멸과 탄생에 관한 인상도 저마다 달랐다. 정체성이 서로 다른 인물들로 구성한 이유는 그들이 티베트로 향한 시대적 배경을 알고 싶었고 내면적으로 숨겨진 저마다의 욕망이 궁금했기 때문이다. 그리고 가능하다면 그들을 통해서 오늘날 현대인들이 환호하며 박수를 보내는 것들 그러면서 동시에 잃어가고 있는 것들을 환기하고 싶었다. 인간이 인간다운 이유, 그러니까 소리, 냄새, 감정, 고통, 슬픔, 기억, 관계, 연민, 연대와 같은 것들 말이다. 어쩌면 오늘날 우리는 이미 오래전 인류가 고민하고 경험했던 일들을 반복하고 있는 것이 아닌가 하는 생각을 하면서 말이다.

또 읽다보면 알게 되겠지만, 이야기의 내용과 구조가 다소 엉뚱하게 여겨지는 부분을 만나게 될 것이다. 요컨대 서사한 내용이 어디까지가 진실이고 또 어디까지가 허구인지 의문이 드는 부분이 있을 수도 있다는 것이다. 책에서 소개한 다섯 명의 주인공들, 그들이 출현한 시대적 배경, 관련 인물, 환경, 학습, 가족관계, 여행의 노정과 성취를 기록한 부분은 전부 사실을 바탕으로 기록한 것이다. 이 부분들은 그들에 관한 논문이나 여행기, 일기나 신문 등을 참조했으며 불확실하거나 모호한 부분은 해당 국가의 박물관이나 다큐멘터리, 영화까지도 참조했다. 하지만 그들이 만난 환생자, 이를테면 훗날 14대 달라이 라마로 인준되는 아이와의 이야기는 순전히 나의 동경과 상상력에서 나온 것이다. 기록을 살펴보면, 산악인 하인리히 하러는 실제로 달라이 라마와 우정을 쌓을 만큼 관계가 돈독했고 밀접했던 것으로 알려져 있다. 탐험가 스벤 헤딘 또한 시가체日喀则라는 마을에서 판첸 라마를 만난 것으로 전해진다. 하지만 나머지 세 명은 환생자를 만난 흔적을 찾기가 어렵다. 따라서 책에서 그들이 환생자와 나눈 이야기는 사실적 기록에 따른 것이 아니며 내가 지어낸 것이다. 목적이 선명한 그들이 영적인 존재인 환생자와 마주했다면 과연 어떤 이야기를 나누었을까 하는 호기심에 가깝다고 할 수 있다. 나 자신도 티베트에 올라가 그랬지만 좌절과 낙심이 닥친 사람들을 보면 시간이 지날수록 절대적인 존재를 찾고 머리를 숙여 대답을 갈망하는 간절함은 시대를 떠나서 누구에게나 비슷하리라는 생각이 들었기 때문이다.

1

알렉산드라 다비드 넬
Alexandra David-Neel, 1868~1969

공간이 시간을 결정한다.

1. 세상 밖으로 나간 여성들

탱크 앞.

두 명의 군인.

군인 A 저길, 어떻게 지나가지?

군인 B 걱정하지 않아도 돼.

군인 A 방법이 있나?

군인 B 벨의 지도가 있잖아!

1996년 아카데미 작품상을 받은 영화 〈잉글리쉬 페이션트〉에 나오는 대화다. 아라비아사막을 지나던 영국 군인들이 지도를 들여다보면서 난감해하는 이 장면에서 언급된 벨의 지도란 거트루드 마거릿 로디안 벨이 만든 지도를 말한다. 그녀는 사막의 여왕이란 별명을 들을 정도로 종횡무진 오지를 여행했던 고고학자이자 탐험가였다.[1] 여성들이 결혼과 가정이라는 전통적인 제도와 시선을 개의치 않고 밖으로 나가 여행을 즐긴 시기는 19세기부터 시작되었다. 제국주의와 팽창주의가 세상을 뒤흔들던 시대였다. 세계여행을 하면서 여성해방을 웅변한 이다

파이퍼(1797~1858)는 당시 여행의 이유를 이렇게 밝혔다.

> 화가가 그림을 그리는 것에 강한 열정을 품고, 시인이 생각을 자유롭게
> 풀어놓듯, 나는 세상을 보고 싶다는 열망에 사로잡혀 다녔다. 여행은 내
> 젊은 날의 도전이었고, 나이가 들어서는 내가 본 것을 떠올리는 기쁨이
> 되었다.[2]

그 당시 세상을 누빈 여성 여행자들을 보면, 이사벨라 버드 비숍
(1831~1904, 영국),[3] 메이 프렌치 셸던(1847~1936, 미국),[4] 메리 킹슬리
(1862~1900, 영국), 거트루드 벨(1868~1926, 영국), 프레야 스타크(1893~
1993, 영국), 알렉산드라 다비드 넬(1868~1969, 프랑스) 등을 들 수 있는
데, 조선 여성 최초로 세계 일주에 성공한 나혜석(1897~1948)도 빼놓을
수 없다. 이들은 여행으로 시대의 제약에서 벗어나 자신의 숨겨져 있던
욕망을 발견할 수 있었고, 상대적으로 열악해 보이는 아시아 지역 여성
들의 처지와 자신을 비교하면서 어린애 같은 감정을 경험하기도 했다.
이들 중에는 나이가 든 후 자신의 가치를 새롭게 발견한 중년과 노년의
여성들도 많았다. 대표적으로 이사벨라 버드 비숍을 들 수 있다. 《조선
과 그 이웃 나라들》의 저자로 국내에도 소개된 비숍은 빅토리아 시대의
여행 작가로 알려져 있다.

1854년, 당시 23세이던 비숍이 성공회 목사였던 아버지께 받은 100
파운드를 들고 혼자 미국으로 첫 여행을 떠난 것을 시작으로, 그녀의 세
상 구경은 시작되었다. 여행에서 돌아온 비숍은 《미국에 간 영국 여인》
(1856)이라는 여행기를 출간한다. 그로부터 2년 뒤, 1858년 든든한 지

메리 킹슬리. 서아프리카에서 현지인과 동고동락하며 식인풍습에
대한 담화를 나눌 정도로 대담했다.

원자였던 아버지가 죽고, 8년 뒤인 1866년 어머니마저 여의게 된 비숍
은 원인 불명의 두통, 불면증 등의 통증과 신경쇠약에 시달리다가 의사
가 제안한 '공기를 바꿀 것', 즉 요양 여행에 동의한다.

　베개에서 머리를 들 수 없을 정도로 통증에 시달리던 비숍은 다시
밖으로의 여행을 선택한다. 1872년, 오스트레일리아로 향하는 배의 갑
판에 섰을 때, 그녀는 마흔 살이 넘은 나이였다. 오스트레일리아와 뉴질
랜드를 거쳐 하와이에 도착한 그녀는 그곳에서 원주민들의 야성적인
삶과 승마를 보고 감격해한다. 무엇보다도 원주민 여성들이 당당하게
남자처럼 다리를 벌리고 말을 타는 모습에 반했다. 영국에서는 여자들

하와이, 남미, 북미, 일본, 한국, 페르시아 등을 여행한 이사벨라 버드 비숍. 저서 《조선과 그 이웃 나라들》(1898)로 우리에게 알려져 있다.

이 말을 탈 때 치마를 입고 숙녀용 안장에서 한쪽으로 다리를 모아 타야 했다. 여자가 남자처럼 말을 타는 것은 음란하고 부도덕한 행위로 간주되었기 때문이다. 비숍은 남자처럼 말을 타고 높이 4000미터의 활화산 분화구까지 올라가 자유를 만끽했다.

비숍이 여행하던 시절은 남성들이 세계를 향해 자신의 능력을 맘껏 시험해볼 수 있었던 반면, 여성에 대해서는 제약이 있었던 시대였다. 한 마디로 근대 여행의 주인공은 모두 남성이었다. 당시 서구 지리학회에 여성 회원이 없었다는 사실은 여행이라는 행위가 그만큼 남성만의 것이었음을 보여준다. 따라서 당시의 여행과 여행기는 절대적으로 남성 중심적이었던 만큼 여성 여행자의 존재는 등장만으로도 대중의 시선을 잡기에 충분했다. 남성이 밖으로 나가 질주하고, 싸우고, 타협하고, 정복을 욕망하는 시대에서, 여행하는 여성들은 스스로가 주체가 되었다는 사실만으로도 상당한 관심을 받았다. 사실 여성들이 여행자로서 밖을 향한 이유는 다양했다. 프레야 스타크, 거트루드 벨처럼 어려서부터 리처드 버튼(1821~1890)이나 찰스 다우티(1843~1926) 등의 탐험기를 읽으며 낯선 지역에 대한 동경을 키운 여성들도 있었지만, 이사벨라 버드 비숍의 경우처럼 지병으로 인한 요양이 여행의 시작인 경우도 있다. 또한 메리 킹슬리처럼 가족에 대한 의무를 다하고 나이가 들어 여행을 시작하는 경우도 있었다.

시대적 배경도 작용했다. 19세기 들어 낭만주의의 영향으로 역사 유적 탐방이 유행했으며, 산업혁명으로 축적된 부는 장기간의 여행 경비를 충당할 수 있었다. 여기에 대영제국의 침략과 식민지 사업에는 군인들과 관리자들이 필요했는데 그들의 가족들도 따라 이동하는 행운을 얻었다. 교육자, 선교사, 하녀, 상인들이 뒤따랐다. 집 안에서 뜨개질이나 홍차를 마시던 여성들이 용기를 얻어 밖으로 나서게 된 것이다. 떠남의 배경은 각기 다양했지만, 그녀들은 안전한 정착보다 불안한 이동을 선택했다는 공통점을 가지고 있다.

처음 가보는 나라와 도시들은 여성들에게 얽매임과 구속으로부터의 해방감을 선사했고 처음 맛보는 명랑한 활력을 불어넣었다. 그녀들은 장소를 이동하는 것에서 그치지 않고 자신들의 체험과 감동을 글로 써서 남겼다. 초기 여성들의 여행기는 무명으로 출판되는 경우가 많았지만 19세기 중반이 되면서 작가로 인정받기도 했다. 여성들의 여행기는 그 자체만으로도 화제였고, 남성과 다른 섬세한 묘사와 문체로 인기를 끌었다. 무엇보다 당시 여성들의 활약과 성취가 남성들에게도 인정을 받기 시작했다는 점은 사회적 분위기를 고무시키기에 충분했다. 그녀들은 자신들이 목격한 또는 발견한 자연, 풍토, 종교, 토착민의 인상이나 만남을 여행기나 그림으로 남겼고 필요한 경우에는 진지한 보고서나 엄정한 연구저술로도 썼다. 덕분에 그녀들은 국가에서 제안한 공적인 임무를 훌륭히 수행한 학자에 해당하는 대우를 받기도 했다. 이사벨라 버드 비숍은 영국 왕립지리학회 최초의 여성회원이 되었고, 메리킹슬리는 스코틀랜드 왕립지리학회의 회원이 되었다. 프렌치 셀던 역시 지리학과 인종학에 영향을 미친 것을 인정받아 1892년 영국 왕립지리학회 회원이 되었고, 이다 파이퍼는 베를린 지구과학학회의 회원이 되었다.[5]

　다양한 계층에서 출현한 여성들은 사회의 인습과 시선에 개의치 않았고 자유로운 복장을 했고, 변장을 주저하지 않았으며, 외국 남성들과 교류하거나, 허술한 공간에서도 잠을 청하고, 야자수 열매를 마시며 독립적인 주체로 거듭날 수 있었다. 하지만 낯선 지역으로의 여행은 위태롭고 고단했다. 물리적인 한계를 경험하기도 하고, 불결한 위생 상태에 놓이는 것은 물론 때로는 목숨을 위협당하기까지 했다. 하지만 그녀들에게 가장 힘들었던 것은 그것들보다 고국에 돌아온 후, 변하지 않은 사회에 적응하는 것이었다. 여행을 통해 그녀들은 새로운 세상을 경험했으나 그녀들이 살던 세상은 변하지 않았기 때문이다. 그러함에도 불구하고 20세기에 들어 여성 여행자들의 숫자는 폭발적으로 늘어났고 그

중에서도 리비아 사막의 비밀 도시 쿠프라kufra를 발견한 로지타 포브스(1890~1967, 영국),[6] 베이징에서 카슈미르까지 원정을 한 엘라 마일라르트(1903~1997, 스위스),[7] 자전거로 아프리카를 횡단한 더블라 머피(1931~현재, 아일랜드) 등은 세상의 주목을 받았다. 그녀들은 긴 머리를 자르고 구두를 벗고 돛단배를 탔으며 때로는 개들이 이끄는 썰매도 탔다. 그리고 새로운 세계로 돌진하는 기쁨과 성취가 무엇인가를 세상에 알렸다.

2. 알렉산드라 다비드 넬

그녀의 성별은 확실했다. 그녀가 자란 환경도 분명했다. 좋은 음식과 교육, 올바른 부모와 온화한 가정, 그녀는 반항이나 일탈만 하지 않으면 유복하게 성장할 수 있고, 정해진 남자와 결혼할 수 있으며, 안락한 의자에서 뜨개질을 하거나 그림을 그리고 홍차를 마시며 즐거운 수다를 떨 수도 있다. 심지어 행운까지 온다면 그녀의 이름은 가문을 넘어 국가에도 기록될 수 있을 것이다. 하지만 그녀는 복잡한 세상에 뛰어들어 뭔가를 찾기 시작했다. 국가, 가정, 재산, 소속, 이름을 물려받았음에도 그녀가 갈구한 것은 안정이 아니라 울타리 밖의 세상이었다.

다비드 넬은 어렸을 때부터 부모를 떠나, 돌아다니는 습관이 있었다. 다섯 살 때 파리 근교의 숲에서 사라져 경찰서에서 찾은 소녀였고, 열다섯 살 때 부모와 함께 떠난 북해의 휴양지에서 혼자 떨어져 벨기에, 네덜란드, 영국까지 갔다가 다시 프랑스로 돌아온 소녀였으며, 열일곱

살 때 알프스산맥을 넘어 이탈리아를 걷고 자전거로 스페인을 여행한 소녀였다. 그리고 20년 뒤, 그녀는 프랑스 여성 최초로 티베트 라싸에 들어간 여행자로 기록된다.

프랑스 남부의 개신교 집안에서 태어나 저널리스트로서 공화당을 지지하던 아버지 루이 다비드(1815~1904)의 기질을 물려받은 넬은 대부분 그 나이 또래가 사교클럽에 흥미를 느끼는 것에 비해 15살 때 이미 유럽 전역을 자전거를 타고 돌아다닌 말괄량이 소녀였다. 국가의 공포정치를 깊이 체험한 아버지는 엄격한 훈육을 통해 딸의 방랑 기질과 사회참여를 제지하려 노력했지만 허사였다. 진정한 숙녀는 가정보다는 걷기를 즐기는 사람이어야 한다는 자신만의 철학을 가진 그녀는 어렸을 적부터 집보다 밖으로 나가 돌아다니기를 좋아했다. 육체적으로나 정신적으로 우아함과 고상함을 쫓을 20살 무렵에는 신비주의와 신지학회神智學會에 빠져들기도 했고 소르본대학에서 인도어를 수업하고 난 후, 고양된 자신의 감정을 고백하기도 했다.[8]

> 지금 난, 동양을 한껏 맛보는 중이야.
> 책장을 넘기면 침묵의 소리가 들려.
> 책 속에 나를 던져 놓고 그 안으로 들어가려고 해.
> 그래야 비로소 일생을 바쳐 내가 해야 할 일이 무엇인지 알게 될 것 같아.

넬은 당시 사회가 추구하는 위선적 경향을 통해서 마음 깊이 두 가지 교훈을 얻었다. 첫 번째는 자신이 추구하는 이상적인 상황은 절대로 그냥 주어지지 않는다는 것이었다. 그러므로 그런 기회는 스스로가 만들어야 한다는 것이었다. 두 번째 교훈이자 가장 큰 깨달음은, 인생의 올바른 방향을 잡기만 한다면 개인의 이기심이 사회가 추구하는 공동선과 꼭 분리되는 것은 아니라는 생각이었다. 그녀는 대학 때부터 이 두 가지 원칙, 그러니까 기회는 자신이 만드는 것이고, 개인의 이기주의는 공공의 자산이 되어야 한다는 것에 따르려고 노력했다. 어쩌면 그녀는 이때부터 세상과 덧없는 방식으로 관계를 시작한 것인지도 모른다.

1890년, 대학을 졸업하자마자 넬은 인도여행을 떠난다. 힌두의 성자들에게 매료되고 티베트 음악에 빠져든 그녀는 지저분한 인도의 뒷골목과 강 주변을 돌아다녔다. 깃털 빠진 모자와 그보다 못한 장화를 신고 신나서 말이다. 한때 오페라 가수였던 그녀는 그곳에서 티베트 음악에 깊은 감명을 받기도 했다.[9]

진언이 박힌 염주를 손목에 두르며,
웅, 하는 울림이 퍼지는 주발을 만지며.

티베트 음악은 내 영혼을 사로잡았어.
음악을 듣고 있으면 눈물이 나. 왜 그런지는 나도 몰라.

넬은 결핍과 부족이 가득한 장소로 가는 것을 좋아했다. 그런 공간이야말로 자신을 적나라하게 드러낸다고 생각했다. 감동이나 감격은 지리멸렬한 장소에서 예상치 못한 시간에 온다고 믿었다. 넬은 인도여행이 끝나자 곧바로 북아프리카로 향한다. 그리고 그곳에서 낭만적인 소설에서나 나올법한 평생의 동반자를 만난다. 그는 철도기술자 필립 넬(1861~1941)이었다. 1904년 8월 4일, 튀니스에서 필립과 결혼한 넬은 아무런 물질적 소유 없이 평생을 사랑하자고 했지만 둘이 함께 보낸 시간은 길지 않았다. 그녀는 결혼한 지 얼마 안 되어, 다시 인도로 건너가 산스크리트어와 티베트어를 배우며 동양의 신비로움에 빠져들었다. 1917년, 49살이 되던 해에도 넬은 여전히 집으로 돌아가지 않고 배를 타고 일본을 거쳐 조선으로 향한다. 처음 방문한 조선에서 해인사, 금강산, 유점사를 방문하고 넬은 남편에게 당시의 기분을 이렇게 전했다.

조선어를 못하지만 두렵지는 않아요. 흥미로운 날들이 기대돼요.[10]

고향에서 기다리는 남편을 외면한 채, 넬은 귀국하지 않고 다음의 여행지를 생각한다. 그곳은 오랫동안 상상하고 동경해온 티베트였다. 넬은 다시 인도로 향한다. 그리고 칼림퐁Kalimpong에서 만난 라마승 용덴의 도움으로 티베트로 이동할 수 있었다.

용덴, 그를 만나 나는 동경하던 그곳으로 갈 수 있었다. 그는 밤마다 내가 물어보는 사소하고 엉뚱한 질문들에 다정하게 대답해주었다. 그의 목소리는 체구에 비해 작았지만, 공기에 퍼지는 힘을 가지고 있었다. 한번은 아침이 올 때까지 그와 이야기를 나누었는데 전혀 힘들지 않았다.[11]

넬 난, 티베트에 관한 망상, 아니 몽상을 자주 해요.
용덴 몽상은 어둠과 절대적 고요 속에 있는 감각이 지배하죠.
넬 그곳은 어떤 곳일까요?

용덴 그곳은 소리가 지배하는 곳입니다.

넬 소리요?

용덴 그곳은 냄새로 감정을 알 수 있는 곳입니다.

넬 궁금해요.

용덴 몸의 균형을 잡아주고, 피와 뼈를 투명하게 해주고, 눈이 시원해지는 곳입니다. 그리고…

넬 그리고요?

용덴 그곳에 가면 시간이 움직여요.

넬 무슨 말이죠?

용덴 공간이 시간을 결정한다는 뜻입니다.

그날 밤, 넬은 자신이 동경하는 티베트가 바로 저 너머에 있다는 것을 상상하며, 내친김에 영혼은 존재하는지, 있다면 몸속 어느 곳에 숨어 있는지, 그리고 다정함은 어느 장소에서 싹트며, 그 기간은 얼마이고, 그것의 종착점은 혹시 죽음인지를 물었다.

3. 말보다 빨리 달리는 사람

1920년대 서구는, 특히 미국의 경제성장은 세계사에 전례가 없을 정도로 분위기를 타고 있었다. 제조업은 사상 최대 호황이었고 이미 상승 조짐을 보이던 취업률도 올라가고 있었다. 무엇보다 모두가 소유하고 싶어 하는 라디오가 미국 전체에 광고되고 있었다. 다비드 넬이 중국 윈난의 육로를 이용하여 티베트고원으로 올라갈 때가 바로 그즈음이었다. 넬이 처음 보는 농지를 발견할 때의 일이다. 농부는 보이지 않았지만 평화로우면서 고요한 땅이었다. 뛰노는 아이들도 보이지 않았고 점심거리를 머리에 지고 지나가는 여인들도 없었다. 넬은 평화롭게 펼쳐진 농지를 보면서 인류의 평화와 균등한 배분은 저곳으로부터 시작되는 것이고, 한 나라의 통치자가 신의 은총으로 자신에게 맡겨진 임무를 올바르게 수행하기 위해 따라야 할 본보기는 저곳에 있다고 생각했다. 가을의 추수가 끝난 듯한 농지는 슬프거나 황량해 보이기보다 자비와 정의가 가득한 호수처럼 보였다. 농지를 가로지르자 계곡이 나왔다. 온화한 산세에 비해 계곡은 좁고 어두컴컴하며 협곡처럼 폐쇄적인 느낌을 주었다.

계곡으로 내려가는 용덴.

따라가는 넬.

누%% 계곡. 우아함과 장엄함이 완벽히 조화를 이룬 듯했다. 구불구불하게 이어진 돌길을 따라 걸었다. 크고 작은 바위들이 눈에 띄었다. 그중에는 사람처럼 서 있는 바위도 있었으며 한 면이 풀로 뒤덮인 바위도 보였다. 또, 푸른 나무들 사이로 살그머니 얼굴을 내밀고 있는 진기한 모양의 바위도 있었다. 모든 것이 신비로움을 풍기고 있었다. 마치 오래된 전설을 다룬 동화책에 그려져 있는 삽화 속을 거니는 느낌이었다.[12]

넬 이 바위의 나이는 얼마나 됐을까요?

용덴 알 수 없어요. 자연은 시작과 끝을 알 수 없습니다. 자연은 안과 밖을 구분할 수 없습니다. 자연은 두께를 측정할 수 없습니다.

넬 하늘은 알 수 있지 않나요?

용덴 하늘 또한 자연의 일부입니다.

암벽을 만져보니 축축하고 청동색을 띠고 있었다. 개울과 폭포도 보였다. 물이 참 많다고, 이곳에는 비가 엄청나게 내리나 보다, 하고 생각이 든 넬은 엄마를 생각했다. 엄마는 돌아다니는 것보다 보드라운 잔디밭에 앉아 있거나 개울에 발을 담그고 꽃과 풀의 이름을 중얼거리는 것을 더 좋아했다. 언제 누구와 함께 어디를 갔는가를 생각하며 그곳에서 어떤 추억이, 어떤 소리와 냄새가 있었는지를 떠올리는 것을 유독 즐겼다. 그런 엄마를 전혀 닮지 않은 넬은 신비주의적 사고력이 뛰어났다. 걷거나 쉬는 동안에도 엉뚱한 생각을 버리질 못했다. 신비와 마법에 관한 책과 상상을 놓지 못했다. 그런 성향은 그녀를 외로움과 일종의 은둔자로, 사회 부적응자로 만들었지만 그건 지적 재능을 가진 사람 대부분에게 공통적으로 있는 자질이었다. 밤이 되자, 용덴은 계곡 아래 자리를 잡고 모닥불을 피웠다.

용덴 기분이 어때요?

넬 시간이 지날수록 나의 합리적인 이성은 퇴색하고 예측할 수 없는 이동과 흩어짐에 예민함을 느껴요. 이 모든 것이 신성한 티베트로 가는 여정 때문인 거 같아요. 어쩌면 인간 운명의 부침을 다스리는 권위는 이미 우주적 차원에서 결정 난 것이고 내가 태어난 해에 탄생한 나의 별은 이미 소멸이 예견된 것처럼, 나의 죽음도 이미 결정이 나 있을 것이란 생각을 해요. 사실 예전에는 안 그랬거든요. 의지와 열정으로 나의 죽음은 연장할 수도 있고 단축할 수도 있다고 자신했어요. 하지만 지금은 생각이 달라졌어요.

침묵하는 용덴.

넬 아빠가 생각나요. 왜 밤이 되면 가족들이 생각날까요?[13]

용덴 아빠는 어떤 분이셨나요?

넬 평온함은 아빠가 중요하게 여기는 미덕은 아니었지만, 그렇다고 자연에서 또는 작은 마을에서 사는 것도 원하지 않으셨죠. 한번은 아빠와 산을 탄 적이 있는데 어린 나를 기다려주지 않았어요. 어쩌다 앞서가는 사람이 보이면 그가 여인이든 남자든, 아이든 노인이든 간에 어떻게 해서 따라잡으려 했죠.[14]

용덴 그런 아빠가 왜 생각나는 걸까요?

넬 모르겠어요. 단지 엄마와 달리 아빠는 항상 고독하게 산다는 느낌이 들어요.

넬은 길 위에서 처음 보는 동물과 이상한 사람들을 목격한다. 동물의 탈을 쓰고 동물 신을 체현하는 주술사를 보았으며, 머리를 길게 땋고 호박, 산호, 수정, 옥, 은 등으로 화려하게 치장한 티베트 여성들도 만났다. 한번은 숲속에서 기이한 수행자를 목격했을 때의 일이다.[15] 그는 발가벗고 바위 위에 태연히 앉아 수행하고 있는 라마였다. 그는 눈알이 튀어나올 정도의 추위에도 아랑곳없이 눈을 감고 앉아 있었다.

티베트로 가는 여정에서.

바위 아래,

가지런히 놓은 붉은 옷과 염주.

넬 저건, 뭐 하는 거죠?

용덴 스스로 몸을 데우고 있는 겁니다.

넬 몸을 데워요?

용덴 네.

넬 어떻게요?

용덴 투모, 그걸 하면 됩니다.

넬 그게 뭐지요?

용덴 몸 안의 따뜻한 기운을 끌어올려 순환시키는 겁니다.

한 달 후, 붉은 평원을 가로지를 때였다. 넬은 고개를 들어 저 멀리 보이는 산봉우리를 바라보았다. 하얗고 그 위로 파란 하늘이 멋지게 펼쳐지고 있었다. 넬은 무슨 산인지 아냐고 물었고 용덴은 나침반 방향을 맞추듯 주위를 둘러보았다. 용덴은 잠시 생각한 후에 모르겠다고 대답했다. 그들이 다른 생각과 침묵에 빠져 걷고 있을 때 혼잣말을 중얼거리며 허공을 바라보고 있는 라마를 발견했다.[16]

넬 저건, 또 뭘 하는 걸까요?

용덴 바람의 메시지를 보내는 모양입니다.

넬 그건 또 뭐지요?

용덴 일종의 신호죠. 스승과 제자가 바람을 통해 이야기를 나누는 방식입니다.

넬 바람에 이야기를 싣는다고요?

용덴 훈련에 통달하면, 아무리 멀리 떨어져 있어도, 바람을 이용해 스승과 제자가 교감할 수 있습니다.

그로부터 또 한 달이 지나고 티베트 북부 창탕羌塘을 건너갈 때, 넬은 정말 기이하다고 여겨지는 사람을 목격했다.[17] 해가 질 무렵이었는데, 그래서 사물이 좀 더 뚜렷하게 보인다고 느꼈을 때, 넬은 저만치서 작은 점들이 빠르게 움직이는 것을 보았다. 잠시 후, 그 점이 사람임을 확인한 넬은 놀라 손으로 입을 막았다. 점은 엄청난 빠르기로 말처럼 평야를 질주하고 있었기 때문이었다. 짐꾼 중의 하나가 고함에 가까운 소리를 질렀다.

손을 들어 방향을 지시하는 짐꾼 A.

그쪽으로 고개를 돌리는 넬과 용덴.

짐꾼 A 룽곰파 칙다.

넬 무슨 뜻인가요?

용덴 룽곰파 같아 보인답니다.

넬 그게 뭐지요?

용덴 룽곰lung gom을 연마하는 라마라는 말입니다.

넬 룽곰이요?

용덴 그건 수행을 통해 놀라운 속도로 빨리 걷는 것을 말합니다. 이곳에
서는 그런 신통력이 있는 수행자들이 많습니다. 사슴보다 더 빨리 달리
는 수행자가 있기도 하고 보통 사람들이 한 달 이상 걸리는 거리를 7일
만에 돌파하는 사람도 있죠.

용덴은 자신도 할 수 있다는 듯, 목소리를 높였다. 넬은 두 손을 이마
에 대고 차양을 만들어 점처럼 다가오는 그를 직시했다. 말처럼 달리던
그 수행자는 넬이 서 있는 방향으로 빠르게 다가왔다. 용덴이 넬에게 큰
소리로 말한다.

그를 가로막아서는 안 됩니다. 그에게 말을 걸어서도 안 됩니다. 만약 그
의 앞을 가로막거나 말을 걸면 그는 죽을 수도 있습니다. 그는 지금 명상
중입니다. 무아지경으로 말이죠.

뛰어오는 그는 땅에서 튀는 듯이 보였다. 공 같은 탄력으로 땅에 발이 닿을 때마다 튀어 오르는 것처럼 보였다. 그는 어깨를 드러낸 붉은색 승복을 입고 있었는데 한눈에 봐도 라마임을 알 수 있었다. 그가 우리 앞을 지나칠 때, 짐꾼들은 모두 땅에 엎드려 절을 했으나 그는 전혀 의식하지 못하고 지나쳐 버렸다. 그는 순식간에 언덕 너머로 사라졌다. 아무 흔적도 남기지 않고 사람이 이렇게까지 빠르게 사라질 수 있다는 것에 넬은 놀라기보다는 기쁨을 느꼈다.

4. 라싸

1924년, 여름. 넬은 라싸에 입성하기 전날 밤, 용덴에게 자신의 벅찬 기분을 고백한다.

> **넬** 지금, 말하고 싶은 것이 있어요.
>
> **용덴** 말해보세요.
>
> **넬** 난, 이곳에 오기 전까지 방랑하는 여자였어요. 먹을 것, 쉴 곳만 충족되면, 신비로운 책과 음악만 있다면, 나의 일상에 만족하는 채식주의자였죠.
>
> **용덴** …
>
> **넬** 난, 이곳에 오기 전까지 자유로운 인간이라고 생각했어요. 하지만 나 또한 네발 달린 짐승과 다르지 않다는 걸 알았어요.
>
> **용덴** 어떻게 알았을까요?

넬 그건 바로 두려움. 그것 때문입니다.

용덴 두려움이요?

넬 오늘에 대한 두려움, 내일에 대한 두려움. 두려움, 그건 교양이건, 자존심이건, 갑옷이건 모두 무너뜨리죠. 두려움은 결국 인간을 짐승으로 만든답니다.

용덴 두려움, 그건 인간을 인간답게 만들기도 해요.

넬 아, 그리고, 한 가지는 확실해요.

용덴 뭐지요?

넬 내가 여기까지 오는 동안 비밀이 많아졌다는 거. 내가 지켜야 할 비밀, 떠들거나 소문을 내지 말아야 할, 소리, 냄새, 교류, 접촉, 발견 같은 것들 말이죠.

라싸는 그녀가 본 도시 중에서, 하늘과 가장 가까운 도시였다. 천연의 보호막, 자연이 사람들을 안고 있다는 생각이 들었고 태초부터 설산이 있어서 외부와의 경계를 스스로 이룬다는 점이 마음에 들었다. 그러한 지형으로 인해 주변 국가에 대한 침입과 공격은 쉽지 않을 거 같았다. 게다가 이 넓은 영토에 비해 턱없이 부족한 공기를 생각하면, 산소부족은 세상에 그 어떤 군대도 당해낼 수 없는 최고의 무기로 손색없어 보였다. 도시는 남과 북을 강으로 나누고 있었으며 사람들은 오른쪽으로만 걸어가고 있었다. 엎드려 기어가는 순례자도 보였지만 많지는 않았다. 땅은 부드러웠고 대기는 처음 맡는 냄새로 가득했다. 무엇보다 도시 곳곳에 자리 잡은 불교사원이 인상적이었는데, 사람을 나약하게 만드는 사치품이 거의 들어올 틈이 없는 요새의 형태를 하고 있었다.

넬은 먼저 붉은 언덕에 산다는 무녀를 찾아가고 싶었다. 그녀는 죽은 사람도 살려낸다는 믿기 어렵지만, 그래서 더욱더 직접 확인하고 싶은 마음이 들 정도로, 영성이 강하다고 용덴이 말해주었다. 넬은 빙하아래 진흙으로 땅을 이룬 언덕을 올라갔다. 언덕은 온통 붉은 진흙으로 이루어져 있었는데, 그래서 조금만 걸어도, 더 지치고 피곤한 느낌이 들었다. 언덕 중간에 이르자 커다란 구멍이 보였는데, 아무래도 그곳은 무녀가 산다는 동굴의 입구처럼 보였다. 입구에는 바람이 불지도 않는데 제멋대로 펄럭이는 거친 천이 외부의 침입자를 막고 있는 듯했다. 넬은 어둑한 안으로 고개를 넣고 작은 소리를 냈다.

저기요?
(아무 소리도 들리지 않는다.)
거기, 누구 있어요?
(아무 소리도 들리지 않는다.)

넬은 안으로 들어섰다. 안은 어둑했고, 한참을 걸어 들어갔는데 한 여인이 검은 안대를 하고 앉아 있었다. 맹인 같아 보였다. 눈을 가린 안대에는 달, 별, 태양이 일렬로 그려져 있었다.

저만치 서 있는 넬.
고개를 드는 무녀.

무녀 가까이 오시오.

넬 네.

신발을 벗고 소리를 죽여 다가가는 넬.
마주 앉는 둘.

넬 당신은 죽은 시신도 살릴 수 있다는데 정말인가요?

무녀 오래전 일이오.

넬 듣고 싶어요.

동굴 안으로 들어오는 바람.
혀로 바람을 핥는 무녀.
조바심을 느끼는 넬.
다시 혀로 입술을 핥는 무녀.

무녀 그때, 장쯔라는 마을의 추장이 나를 초빙했지. 사랑하는 아들이 죽었다면서 말이야. 나는 시신이 있는 방으로 안내되었어. 작은 몸이 방 중앙에 반듯하게 누워 있더군. 난 방 입구에서 두 손을 마주 대고 아홉 번 비볐지. 그리고 시신으로 다가가 몸을 주물렀어. 손가락으로 얼굴과 입술을 더듬어 찾았어. 엄지와 검지에 힘을 주어 시신의 입술을 아래위로 벌렸어. 누런 이빨 사이로 막 썩기 시작하는 벌레와 곤충의 냄새가 심하게 풍겼어. 난, 처음 사랑을 시작하는 연인처럼 부드럽게 시신의 몸을 애무했어. 옷을 벗기고 목과 얼굴을 부드럽게 쓰다듬었지. 혀 밑의 침을 모아 혀를 내밀어 시신의 얼굴을 핥았어. 이마에서 눈으로 코와 입술, 목덜미와 배꼽에도 나의 입술과 혀를 문질렀지. 마치 잠자는 왕자에게 이제는 그만 일어나라는 듯 정성을 다했어. 놀라지 말아요. 난 시신의 귀에 대고 작은 소리로 속삭였지. 그리고 뱀처럼 내 몸을 시신의 몸 위로 포갰어. 입을 마주 대고 두 팔로 늘어져 있는 시신의 몸을 끌어안았어. 그리곤 시신의 귓구멍에 나의 따뜻한 침을 흘려 넣었어. 시신이 꿈틀하더니 입을 살짝 벌리더군. 벌어진 입에서 알 수 없는 소리와 침이 흘러나오고. 팔과 다리를 떨기 시작했어. 움직임이 격렬해졌지. 간질에 걸린 아이처럼 말이야. 난 몸부림치는 시신의 몸을 더욱 강하게 끌어안고 움직이지 못하게 제압했지. 그러자 시신은 더욱더 몸을 뒤틀기 시작하더군. 시신의 목이 뒤로 꺾이고 얼굴에 있는 모든 구멍에서는 하얀 액체가 흘러나오기 시작했어. 그래도 난 시신을 놓아주지 않았어. 손을 뻗어 시신의 성기를 움켜잡았지. 그것은 어느새 발기하여 위로 치솟기 시작했어. 난 움켜쥐고 끝까지 놓아주지 않았지. 시신의 몸이 한낮의 태양처럼 뜨거워지더군. 그럴수록 난 시신의 몸에 달라붙어서 귀에 대고 계속 속삭였어. 발버둥치는 시신을 놓치면 오히려 자신이 죽는다는 것을 상기하면서 말이야. 날이 밝았지. 새벽의 여명이 방 안으로 걸어 들어올 때, 시신의 혀가 입속에서 나와 턱 쪽으로 늘어지더군. 지금이다. 싶었지. 난 시신의 혀를 이빨로 강하게 깨물었어. 붉은 피가 터져 나왔어. 시신이 살아나더군.[18]

5. 방랑을 선택한 여인

최초의 방사성 원소 폴로늄과 라듐을 발견하여 세상을 놀라게 했던 마리아 퀴리보다 1년 늦게 태어난 알렉산드라 다비드 넬은 1868년 10월 24일 파리 근교에서 태어났다. 그녀는 마리아 퀴리가 방사선 연구에 매진하여 여성으로서 최초의 소르본대학 교수가 된 그해에 티베트의 라싸를 꿈꾸었고 그곳으로 나아간 여성이었다. 혁명가였던 아버지는 일과 소신을 바꾸지 않는 사람이었다. 일이나 직업은 그가 한 사람의 가치를 측정하는 중요한 척도라고 간주한 아버지는 딸에게 고정적인 직업과 교양이 중요하다고, 그걸 소유하지 못하면 그 어떤 일도 완전한 성공을 거둘 수 없다고 가르쳤다. 하지만 다비드 넬은 아버지의 훈육을 받아들이지 않았다. 그녀는 남들이 알아주는 학업이나 직업, 물질이나 평판보다는 여행을 통해 시간을 다르게 보는 경험이 더 중요하다고 생각했다. 아버지가 보기에 철없는 소녀에 불과한 딸은 소유와 아무런 상관없는 명상과 철학에 심취했고 명성 있는 직업이나 견고한 가문에 매달리지 않았다. 아버지는 적대적 침묵이라는 표정을 지었지만 넬은 개의치 않았다.

방랑자를 자처한 다비드 넬. 그녀는 여행지에서 접하는 수많은 대상과 사건들 가운데 무엇을 보았는지, 그리고 그것을 어떻게 보았는지를 중시했다. 개인적 체험을 통해서 자신의 내면적 욕구를 발견하기를 희망했다. 그녀는 무언가를 타고 이동하기보다는 걷기를 자원했다. 자발적인 걷기를 통해서 다양한 문화와 풍경이라는 새로운 구경거리를 찾아 나서기를 좋아했다. 개나 낙타의 속도로 걷더라도 낯선 지역의 풍경이나 새로운 체험을 통해 지극히 사적이고 고유한 정서가 함양될 수 있기를 바랐다. 그녀는 맛있는 식사보다는 허기진 배를, 떠들썩한 술 파티보다는 혼자 먹는 열매를, 음모와 뒷담화보다는 침묵이나 독백을 선호했다. 그녀는 석탄이나 기름의 힘을 얻어 이동하는 물체의 도움을 받아 이동하기를 거부했다. 그것들은 신체의 활력을 떨어뜨리고 둔감하게 만드는 마치 철갑을 입고 행군하는 군인처럼 여겨질 수도 있다고 생각했기 때문이었다.

유럽인 여성 최초로 티베트 라싸에 자신만의 인장印章을 남긴 그녀는 티베트 여행기에 해당하는 책을 남겼다.《영혼의 도시 라싸로 가는 길》(1927)과《티베트 마법의 서》(1929)가 그것이다. 여행기란, 결국 인상적이었던 대상을 선택해 이를 중심으로 기록할 수밖에 없는 것이기 때문에, 무엇을 보고 무엇이 선택되었는가를 살펴보는 것은 여행기의 의미와 여행 주체의 정체성을 파악할 수 있는 중요한 단서가 될 수 있다. 넬은 원래 자신이 경험한 라싸의 문물에 관한 느낌과 지리적인 발견만을 학술적으로 발표할 생각이었지만 귀국 후 자신의 여행담에 흥미를 느낀 사람들의 기대를 저버리기 힘들어 책을 저술하게 되었다고 밝혔다. 당시 유럽은 시시때때로 발발하던 혁명과 갑작스런 통치자의 서거, 잔혹한 전쟁을 경험하고 있었으며 황열병과 발진티푸스에 공포를 느끼던 시기였다. 1927년 프랑스어로 발간된 그녀의 책은 유럽에 티베트의 생활사를 처음 소개한 것은 물론이고 2차 세계대전 이후 동아시아 각국에 불기 시작한 동양학 연구자들과 탐험가들, 심지어 상인들에게도 주목을 받았다.[19]

제국의 이데올로기가 가장 강력한 힘을 발휘하던 프랑스와 영국의 영향을 받으며 성장했던 그녀였지만 책에서는 제국의 냄새가 나지 않았다. 당시 유럽에서 출간된 동양 세계에 대한 여행기는 유럽의 독자들에게 일종의 정복과 소유, 그러니까 탐험하고, 발견하고, 침략하고, 투자하고 결국 식민지화할 수 있다는 그 지역들에 대해 정보와 소식을 알려주는 역할에 집중한 것에 비해 넬의 여행기는 오히려 비현실적 목격과 진술에 비중을 두고 있다는 점에서 인기를 끌었다.

다비드 넬, 그녀가 티베트로 향한 시기는 당시 중국인들이 자신들이 속한 나라를 차이나 대신 쭝궈中國, 즉 세계의 중심이라고 우쭐대던 시기임에도 티베트는 참조할 만한 지침서나 지도, 그림이나 안내 책자도 거의 없는 형편이었다. 또한 영국이 티베트로 가는 길목에서 근거 없는 근엄한 검문을 하고 있던 터라 이방인의 진입이 쉽지 않던 시대였다. 그러함에도 불구하고 그녀는 10여 년에 걸친 다섯 번의 시도 끝에 마침내 라싸에서 포탈라궁布达拉宫을 바라보는 낭만적인 사건에 성공한다. 그녀의 행보는 정상적이라고 보기는 어렵지만, 혹시 여행자의 덕목은 그녀처럼 무엇에도 얽매이지 않는 정신과 나귀처럼 고집스러운 두 다리, 그리고 나비처럼 허공을 자유로이 너풀거리는 두 팔만 있으면 되는 거 아닌가, 하는 생각이 들 정도다.

1955년 11월, 영혼의 동반자 용덴이 세상을 떠나자 넬은 프랑스 디뉴Digne에 삼텐 존이란 명상의 집을 짓고 여생을 보낸다. 성취를 이룬 사람들이 말년에 포도주를 홀짝이고, 점심을 먹으면서도 저녁에는 무엇을 먹고 마시며 내일은 무슨 옷을 입어야 할지 걱정하는 사람들과 달리 그녀는 여전히 세상을 궁금해하고 밖으로 나가고 싶어 하는 방랑과 유랑적 기질을 포기하지 않았다. 1969년 9월 8일, 102살에 세상을 떠난 그녀는 죽음의 마지막 순간에도 혼잣말로 중얼거렸다.

내 인생에 내가 정말로 날아오른 순간은 극도로 어두운 순간이었다.

눈을 가린 채, 날아오를 때만 가장 높은 곳까지 날아오를 수 있다.

6. 환생자와 나눈 이야기

1924년, 겨울. 라싸. 포탈라궁.

　정리가 안 된 머리칼, 피로가 누적된 뺨, 찌그러진 부츠를 신은 다비드 넬은 환생자와 마주했다. 앳된 소년처럼 보이는 환생자는 아무런 도덕적 목표가 없어 보이는 얼굴로 넬을 맞이했다.

어둑한 실내.

두 개의 촛불.

환생자 이곳까지 올라온 여성은 당신이 처음입니다.

넬 이렇게 높은 줄 몰랐습니다.

환생자 맞아요. 이곳은 높죠. 높아서 깊고요. 깊어서 위험합니다.

넬 하늘 아래, 이런 도시가 있다는 것이 정말 놀랍습니다.

　넬은 방 안을 둘러보았다. 전체적으로 어두웠지만 그래도 보일 건 다 보였다. 티베트어로 포장된 책들, 염주, 모자, 놋그릇, 양초, 주발, 옷가지 그리고 벽을 가득 메운 벽화가 보였다. 넬은 환생자의 얼굴을 자세히 보고 싶었다. 어째서, 이곳 사람들은 저 어린아이를 숭배하고 떠받치는 것일까? 아이가 할 수 있는 보여줄 수 있는 능력은 도대체 무엇일까? 그녀는 정말 그것이 궁금했다. 자신 앞에 앉아 있는 존재는 경외감이 들기보다는 장난꾸러기 같은 아이라고 여겨졌다. 자신을 움츠러들게 만드는 피할 수 없는 힘도 느껴지지 않았다.

희박한 공기.

힘들어하는 넬.

환생자 어디가 제일 불편한가요?

넬 당연히 두 다리이지요. 종아리는 붓고 발톱은 빠지고 발바닥은 굳어져서 신발이 필요 없을 정도입니다. 여길 보세요.

환생자 그렇군요. 아파 보여요.

넬 (발을 문지르며) 발이 불쌍해요.

환생자 그럼, 당신은 몸에서 가장 중요한 부위가 그러니까 몸의 중심이 두 다리라고 말할 수 있습니까?

넬 그건, 아닙니다.

환생자 아니라고요?

넬 환생자여, 저는 혀가 중요하다고 생각합니다.

환생자 혀라고요?

넬 네. 입안의 혀는 말이죠. 10센티 정도의 길이로 세상의 모든 맛을 볼 수 있잖아요. 두부와 같이 부드러운 혀로 말이죠. 혀는 부드럽지만 한번 입안에 들어오면 철이나 돌도 녹이는 아주 강한 무기도 될 수 있습니다. 끈적끈적한 침은 독을 정화해주는 기능이 있으니까 말이죠. 지금 우리가 이야기할 수 있는 것도 모두 이 혀 때문에 가능하죠. 저는 이곳까지 올라 오면서 굶주림이 무엇인지 알았습니다. 배가 고파서, 허기져서 모든 것을 포기하고 돌아가고 싶었죠. 그러나 어느 날 우연히 발견한 마을에서 이름조차 알 수 없는 음식을 맛볼 수 있었는데 그때의 기분은 정말 황홀했습니다. 눈물이 날 지경이었죠.

환생자의 손짓.

주전자를 들고 오는 시종.

티베트 차.

환생자 혀는 좋은 것은 받아들이고 싫은 건 거부할 수 있는 자유로움이 있습니다.

넬 맞습니다. 혀는 쓰면 뱉고 달면 삼킬 수 있는 힘이 있습니다.

환생자 혀는 감정과 기분을 만들기도 합니다.

넬 혀가요?

환생자 입과 혀를 통해 우리는 기쁨을 느끼기도 하고 때론 화를 내기도 합니다.

넬 그럴까요?

환생자 이곳에서 전해오는 이야기를 들려 드리겠습니다.

넬 듣겠습니다.

차를 마시는 넬.

환생자 봉우리가 우박으로 뒤덮인 설산에 사람들이 살고 있었습니다. 그들은 뜨거운 불보다는 시원한 물을 찾아다녔고, 밝은 대낮보다는 노을이 오는 시간을 좋아했고, 동물들의 언어를 익혀 그들과 대화할 수 있었습니다. 그래서 그들은 여우나 표범의 감정도 알 수도 있었는데 그건 그들이 제일 잘하는 것이었습니다. 그들이 모여 사는 동굴은 그들을 보호해주는 보금자리이기도 했지만 스스로 울리는 소리를 내기도 했습니다. 악당들이 칼과 창으로 무장하고 그들에게 접근해 오기라도 하면 동굴에서는 옴ॐ이라는 소리가 스스로 울려 퍼져서 그들의 무기를 끌어당기거나 낚아채 갔습니다. 그들은 친절하고 상냥했는데 무엇보다도 감정을 만드는 기술이 있는 것으로 소문이 돌았습니다. 감정은 태어날 때부터 생기는 것이 아니라 개인의 의지와 훈련으로 만들 수 있다고 주장했습니다. 하루는 설산의 북쪽에서 분노에 가득 찬 거지가 찾아와 물었습니다.

거지 당신들은 감정을 만들거나 조절할 수 있다는데 정말이오?

설인 그렇소.

거지 어디 설명해보시오.

설인 좋소. 당신은 감정이 상하거나 기분이 뒤틀리면 아마도 움직일 것이요.

거지 뭘 움직인다는 게요?

설인 몸이오. 몸의 형태를 자신도 모르게 바꾸게 될 게요. 인상을 쓰거나 발길질을 하거나 혀를 내밀어 욕을 하는 것도 포함되오.

거지 맞소. 그럼 당신들은 어떻소?

설인 우린, 감정의 영향을 받지만, 명령은 받지 않소.

거지 믿을 수 없소.

설인 감정이란 원래 신체적 특성, 성장한 환경, 관계, 처음 본 풍경, 처음 들은 소리, 처음 느꼈던 슬픔, 기쁨, 쾌락, 분노, 울분의 추억들이 몸에 저장돼 있다가 비슷한 처지나 사건들을 만나면 나오는 거요.

거지 그걸 어떻게 확신하오?

거지는 자신의 몸속에 가득한 분노를 연민이나 다정함으로 바꿀 방법을 묻고 싶었다.

설인 당신 얼굴에 왜 털이 없는지 아시오?

거지 모르오.

설인 거긴, 감정이 드러나는 곳이기 때문이오.

거지 여기 말이요?

자신의 뺨을 문지르는 거지.

고개를 끄덕이는 설인.

설인 상대방의 감정을 읽는다는 것은 사실 나 자신의 예측에 근거하는 거요. 그러므로 누군가의 얼굴을 통해 보는 것은 감정을 읽는 것이 아니고 자신의 경험을 바탕으로 하는 짐작에 가까운 거요. 추측이란 말이지.

거지 이해가 되지 않소.

팔짱을 끼고 눈을 내리까는 거지.

개의치 않는 표정을 짓는 설인.

설인 감정의 실체는 전적으로 너와 나 사이에 생기는 거요. 즉 관계에 따라 생긴다는 거요.

거지 다른 건, 필요 없소. 감정을 만드는 방법만 가르쳐주시오.

설인 가능하오.

거지 어서 말해보시오.

설인 그건, 당신의 코와 귀에 달려 있소.

거지 무슨 소리요?

설인 냄새를 맡고 온전히 듣는 것에 달려 있단 말이요.

거지 알지 못하겠소.

설인 지금 당신의 언행에 달려 있다는 말이요.

거지 거참, 무슨 말이오?

설인 이런 거요. 당신이 눈보다는 귀를, 혀보다는 코에 집중하고,

거지 그리고?

설인 지금 말하고 행동하는 마음이 내일 만들어낼 감정이 될 수 있다는 거요.

거지 모르겠소.

설인 우리는 때때로 비난받을 실수를 저지르기도 하지만 한편으로는 자신만이 그 일의 결과를 바꿀 수 있는 존재라는 뜻이요.

못마땅한 표정의 거지.
근엄한 표정의 설인.

거지 그러니까, 뭐가 중요하다는 거요?

설인 내일의 감정은 오늘 만들 수 있다는 거요. 내가 지금 듣는 소리, 맡는 냄새, 내뱉는 말과 행동, 품고 있는 생각은 내일 바로 드러날 것이고 그것의 결과는 감정으로 나타난다는 것이요. 그러니 지금, 이 순간의 말과 행동, 상대와의 관계가 내일의 감정이 된다는 것을 알아두시오.[20]

거지는 자신의 분노가 어디에서 왔는지 알았다.

넬은 설산 아래 방갈로에 가까운 방 하나를 빌려 한 달간 머물렀다. 안락하다는 생각이 들 정도로 포근한 느낌은 들지 않았고 정이 들 만큼의 시간도 없었다. 묵을 곳을 정하자 넬은 가장 먼저 옷을 갈아입었다. 티베트인들의 그것을 입고 그들의 신발을 신었다. 다른 사람이 되었다. 매일 아침 일찍 나가서 저녁 느즈막이 아니면, 다음날 햇살에 검게 탄 뺨을 하고 돌아왔다. 고단하지만 행복한 모습으로 돌아다녔다. 처음으로 비바크(텐트 없이 동굴이나 큰 나무를 이용해 하룻밤을 보내는 일)도 했다. 밤이 되면 별을 먹었고 낮에는 눈을 마셨다.

여명이 올 무렵. 넬은 한 아이를 만났다. 아이는 벌거벗은 채로 빙하를 바라보고 있었다.

넬 (다가가며) 아이야, 춥지 않니?

아이 (대답하지도 등도 돌리지 않는 채, 아이는 하늘로 솟은 빙하를 지켜보고 있다.)

아이의 등은 침울하게 땅으로 기울어져 있었다. 등과 목 사이에는 공룡의 이빨 같은 뼈가 돌출되어 있었다.

넬 아이야, 도와줄까?

아이 필요없어.

아이는 고개를 들려고, 척추를 세우려고 애를 썼지만 힘들어 보였다. 넬이 아이의 등 뒤에서 앞으로 나아가려 하자, 아이가 획하고 몸을 돌렸다.

놀라는 넬.

노려보는 아이.

아이 너희들이 망쳐놓았어. 내 몸은 원래 건강했어. 뼈가 튼튼하고, 피가 맑고, 눈이 밝고, 피부가 빛났단 말이야. 하지만 지금 이 꼴을 봐. 어떻게 되었지? 너희들이 이 땅을, 이 공기를, 저 빙하를 망쳐놓았어. 이제 세상은 물로 잠길 거야. 아무것도 필요 없지.

2

조지 포레스트
George Forrest, 1873~1932

티베트에서는 소리를 듣는 것이 전부다.

1. 재화

자연에는 지구를 지키는 근원적인 존재들이 포진해 있다. 설산, 빙하, 호수, 바위, 늪, 숲, 바다, 폭포, 모래, 나무, 식물, 협곡, 화강암. 그것들은 오랜 세월에 걸쳐 형성되었고 저마다의 나이와 울림을 가지고 있다. 또한 그것들은 자연의 본질이 고스란히 드러나는 장소와 풍경에 놓여 있는데 감흥과 외경보다는 그 힘의 근원을 생각하게 하는 묘한 기운이 있다. 그것들의 나이는 지구에서 가장 오래되었고 그러므로 가장 강한 인내심과 회복력을 가지고 있다. 무엇보다 그것들은 탄생부터 죽음까지 자신들만의 소리와 냄새로 주변을 끌어당기거나 다가가 연결을 시도한다는 특징을 가지고 있다. 그것들의 힘은 바람이나 비, 천둥이나 번개, 폭풍이나 지진이 오면 알 수 있다. 막아주거나 저항한다. 그것들이 내뿜는 힘은 보이지 않지만 평화롭고 공정하다.

　언제부터인가 인간은 처음의 소리와 냄새가 간직되어 있고 지구를 지키는 근원적인 존재들이 힘을 발휘하는 자연으로 향했다. 그곳은 태초의 원형이 남아 있고, 인류가 살았던 흔적이 그려져 있으며, 진동하는 소리와 냄새가 간직된 곳이었고, 원죄가 성립되지 않은 사람들이 살고 있다고, 희귀한 꽃과 식물이 풍성하다고 그리고 무엇보다도 황금과 온천이 널려 있는 붉은 땅이 존재한다는 소문이 난 곳이었다. 식물학자, 탐험가, 선교사, 외교관, 여행가, 지질학자, 군인, 인류학자. 호기심과 사명감으로 무장한 그들은 그곳으로 향했다. 누구도 말릴 수 없는 분명한 목적을 가지고 있었기 때문이다.

인류는 탄생하는 순간부터 관계를 맺기 시작하고 경험을 하고 그 경험을 바탕으로 기억을 한다. 그리고 그 기억을 누적하여 예측을 시도한다. 예측은 판단을 끌어낸다. 판단은 과감한 행동을 유발하고 그 행동에는 계산이 들어간다. 그러므로 인간이라는 종이 은밀한 장소에서 하는 모든 행동에는 늘 어떤 형태의 혜택과 이득 그리고 손해 보지 않으려는 타협이 깃들어 있다. 인류가 재화를 얻는 방법이 그러하다. 처음에는 필요한 자들끼리 교류와 거래를 했지만, 시간이 지날수록 약탈과 정복의 방법이 추가되었다. 바다를 가로질러 새로운 땅의 발견과 재화의 선점은 과학기술의 발전이 선행될수록 유리했다. 염료 독점 판매를 위한 영국의 선인장 수입과 네덜란드가 동인도회사를 거점으로 해상무역을 장악하고 부富를 축적한 성공의 비결도 여기에 있었다. 항해술의 발달과 과학의 진보는 18세기 들어 영국으로 이동되었고 그 힘은 자연경제물의 획득에 곧바로 적용되었다. 영국은 항해력을 앞세워 향신료와 소금 그리고 희귀한 꽃과 식물 발견에 힘을 쏟았다. 그동안 삶의 기본 토대로 작용했던 농법과 평등의 원칙을 근간으로 삼는 입법은 제쳐두고 상품생산 및 거래, 사유재산의 축적을 위해 그리고 제국의 완성을 위해 소금, 후추, 올리브, 포도주, 생선 외에 꽃과 식물의 확보에 몰두한 것이다.

식물학자와 채집가들, 꽃과 식물에 빠진 사람들은 다음과 같은 공통점을 갖추고 있다. 그들은 하나같이 어이없을 정도로 황당한 전설이나 소문을 굳게 믿고 쫓아다닌다는 것이다. 하지만 그들은 소문의 진실을 떠나 식물을 찾는 동안은 다른 생각을 하지 않고 그것에 전념할 수 있다는 것에 만족한다. 그리고 그들은 꽃과 식물, 나비와 곤충을 품고 있는 자연이라는 거대한 껍질에 관심을 가지게 된다. 그리고 결국 자연의 유일한 결함이 바로 인간이라는 것을 깨닫게 된다.[1]

19세기 말 조선의 유길준이 쓴 서양 기행문인 《서유견문》(1895)에는 농학, 의학, 산학筭學, 정치학, 법률학, 물리학, 화학, 철학, 광물학, 식물학, 동물학, 천문학, 지리학, 고고학, 언어학, 군사학, 기계학, 종교학 등의 방대한 분량의 학문 분과를 소개하고 있다. 여기서 사람들은 당시 서양 근대 학문의 특징인 관찰하고 분류하고 입증하는 것, 즉 학문은 분석과 실험을 통해 수행되고 설명해야 함을 알게 된다. 그리고 식물학을 통해 다윈의 진화론을 중요한 학문으로 인식하게 된다. 알다시피 진화론은 지구상에 생존해 있는 모든 생물은 종족 번식과 생활 보육의 두 가지 기능으로 설명할 수 있는데, 요컨대 생존경쟁으로 생물의 수에서 갑이 증가하면 을이 감소하고 을이 증가하면 갑이 감소하면서 평균적인 일정한 수를 보유한다는 이론이다.[2]

서양에서 촉발된 근대 식물학은 사회를 유기체로 보는 사회진화론과 연결되어 있다. 전통적인 식물 연구에서 식물 분류는 특정한 목적에 따라 분류되었으나, 근대 식물학이 도입되면서 식물 분류학은 분류 자체를 목적으로 하면서 수많은 식물이 분류되고 그에 대한 학명을 부여했다. 식물에 대한 분류와 학명 부여는 스웨덴의 식물학자 칼 폰 린네(1707~1778)로부터 시작되었다. 린네는 현대 식물학의 시조로 불리는 인물이다. 린네가 그 분야에서 인정받은 이유는 대략 4000종의 동물,

칼 폰 린네(Carl von Linne, 1707~1778).

5000종의 식물을 관찰한 성실성과 집요함보다 그가 속명 다음에 종명 형용사를 붙여서 두 말로 된 학명을 만드는 이명법을 확립한 것이고 변종에 대한 개념도 제시했다는 점이다.[3]

린네는 어릴 때부터 식물, 특히 꽃을 좋아하는 모습을 보였다. 1707년 5월 23일 스웨덴 웁살라 근교 로스홀드에서 태어난 그는 루터파 목사 겸 아마추어 식물학자였던 아버지의 영향으로 어려서부터 식물에 관심이 많았다. 린네는 룬트대학에서 의학을 공부하다 웁살라대학서 본격적으로 식물학을 학습했다. 식물에 빠진 사람들이 대부분 그렇듯이 린네 또한 매일 아침 돋보기를 들고 겨드랑이 밑에는 자연과 식물의 체계에 관한 책을 낀 채 섬과 숲을 돌아다닌 것으로 유명하다. 1735년, 그는 네덜란드의 하이델베르크대학에서 의학 학위를 받으면서 식물의 관찰, 분류학상의 문제를 본격적으로 연구하기 시작했는데, 당시 저술된 《자연의 체계》는 다윈의 《종의 기원》(1859)보다 124년 앞서 출간된 분류학 최초의 논문이다.

그는 숲속에 있는 모든 이끼의 종류, 심지어 돌에 낀 모든 지의류와 양치류에 몰두했지만 정작 그가 열정을 품은 분야는 식물의 분류작업과 색인 그리고 그로부터 파생되는 경제적 이득이었다. 린네가 연구한 식물의 규모와 복잡성을 대강이라도 살펴본 사람이라면 그가 자기 안에서 샘솟는 생각과 감정들을 자원획득과 경제부흥과의 관계를 붙잡기 위해서 한시도 쉬지 않고 책상 앞에서 고개를 숙이고 그림을 그리거나 도표를 만들며 하루를 보냈다는 것을 짐작해볼 수 있다. 그는 마치 자연 속에서 경제의 본질적인 순간을 찾으려는 사람처럼 열정적이었고 그것으로 인해 국가에 도움이 될 만한 것을 발견하기 위해 애썼다. 이유는 러시아와의 전쟁(1700~1709)에서 스웨덴이 패배했기 때문이었다. 린네는 패전국이 감내해야 하는 굶주림과 기근, 질병과 전염병의 공포로부터 미래를 고민했다. 웁살라대학에서 자연사와 의학을 공부했던 린네는 암스테르담으로 유학을 떠났고 그곳에서 '자연의 경제'라는 영역에 몰두한다. 린네는 자연을 경제에 적용할 줄 알고, 동시에 경제를 자연에 활용할 줄 아는 새로운 지식을 찾을 수만 있다면 패전한 자신의 국가에 도움이 될 거라고 확신했다.

그는 자신을 따르는 젊은 제자들과 함께 '자연사 탐험'이라는 새로운 영역에 도전한다. 식물, 동물, 광물을 조사하고 수집하며 전 지구적 탐험을 감행한 것이다. 1746년 중국 광저우를 시작으로 린네는 아프리카의 기니, 스리랑카, 인도, 베트남, 인도네시아, 오세아니아, 남태평양, 바누아투, 브라질, 베네수엘라, 아르헨티나 등지를 탐험했다.[4] 린네의 뒤를 이어 조셉 뱅크스(남태평양, 아프리카, 아시아), 알렉산더 훔볼트(카리브 지역과 중남미), 알프레드 월리스(말레이 군도와 아마존), 찰스 다윈(갈라파고스)과 같은 걸출한 탐험가들이 연이어 나타났다. 그들은 모두 자신들은 린네와는 다른 목적과 사명감을 가지고 탐사했다고 주장했지만 이를 두고 유럽인으로는 처음으로 아프리카 대륙을 횡단한 리빙스턴은 그들이 추구한 것은 자연 속에서 완벽히 맑은 풍경의 순간을 발견하고자 하는 것이 아니라, 단지 자신들이 속한 나라의 영토 확대와 물적 자원의 선점을 위한 경쟁적 출현이라고 일축했다.[5]

2. 휘어진 자연

아주 먼 옛날, 지구에서 대형 종種으로 발달한 식물 종들의 퇴화는 이른바 인류가 자랑하는 문명의 요람, 강이나 밀림 주변에서 시작되었다. 거대한 강과 밀림 주변에서 생존을 모색하던 인간들은 자신들보다 강한 동물들과 싸우고 또 자신들보다 약한 나무와 식물들을 제거하기 시작했다. 기록에 따르면, 한때 북아프리카에서 중국 서남부까지 기세를 떨쳤던 거대한 수림은 인류가 서력을 헤아리기 시작했을 무렵부터 이미 벌목이 시작되었다고 한다. 또한 현재의 숲을 월등히 압도하는 수목 공동체가 그나마 보존되어 있던 곳은 코르시카섬 오지뿐이었는데 그곳도 19세기까지 여행자들이 외경심을 표하며 묘사했던 시절뿐이라는 것이다. 코르시카에서 가장 우세했던 수목종 가운데 하나였던 백색 전나무는 안개가 고이는 산맥지대와 그늘진 비탈과 계곡 어디에나 있었지만, 오늘날엔 거의 소멸 또는 멸종된 것으로 전한다.[6]

마크 엘빈의 책《코끼리의 후퇴》에서는 중국에서 3000년에 걸친 인간과 코끼리의 대립과 충돌, 타협과 후퇴의 과정을 보여준다.

> 농경문화를 강화하기 위한 투쟁에서 당시 전쟁은 세 전선에서 벌어졌는데 첫 번째 전선은 코끼리들이 서식하는 숲을 개간하여 경작지로 바꾸는 작업이었다. 두 번째는 농작물을 도둑질하는 코끼리들을 없애거나 포획하여 농토를 보호해야 한다는 생각으로 가득 찬 농부들의 저항이었다. 그리고 세 번째는 상아와 미식가의 별미인 코끼리 코, 또는 전쟁이나 수송, 의식儀式에 사용할 목적으로 코끼리를 사로잡는 사냥이었다.[7]

당시 코끼리가 살던 지역은 높이가 무려 60미터에 육박할 정도로 자란 전나무가 많았는데 그 나무들은 오래전 숲이 얼마나 울창했는지 그려볼 수 있는 최후의 나무들로 간주될 정도다. 하지만 이미 그때부터, 그러니까 코끼리가 후퇴할 때부터 숲과 나무들은 무분별한 벌채로 파괴될 조짐이 보였는데 그때 사람들은 그래도 나무들이 가장 마지막까지 버틸 지역으로 티베트고원을 지목했다. 그로부터 100년 후, 중국 윈난과 쓰촨 경계의 티베트 지역을 여행하다가 우연히 경이로운 풍경을 목격한 어떤 식물학자, 그에 대한 이름과 국적은 흔적을 찾을 수 없지만, 그의 메모장 또는 일기장으로 추측되는 종이에는 다음과 같은 기록이 보인다.

나는 고개를 올라 고원 위에서 숲 전체를 내려다보았다. 수백 미터를 층층이 내려앉은 나무들이 보였다. 삼나무가 아닌가 싶었다. 후경俟景은 골짜기 어귀 위로 호수가 보였고 호수 너머로 드러난 푸른 해안은 어지러울 정도였다. 여행을 제법 다녀봤지만, 여기 이곳의 숲처럼 그렇게 정신이 아득해지는 눈부신 절경은 본 적이 없다.

그러면서 그는, "이곳은 내가 지금껏 본 숲 중에서 단연코 가장 아름다운 숲이다"라고 적은 뒤 다음과 같은 경고를 덧붙였다.

이 숲을 원형대로 보고 싶다면 서둘러야 할 것이다. 이제 머지않아 도끼와 톱, 총과 돌멩이를 든 사냥꾼들이 나타날 것이기 때문이다.

그로부터 다시 100년 후, 네덜란드인들은 만개한 꽃을 그림으로 그려 집에 장식하는 것을 즐기게 되었다. 꽃은 인간과의 관계에서 늘 행복과 기쁨을 상징한다고 생각했기 때문이다. 당시 네덜란드에서는 '스틸라이프'라고 불리는 정물화가 유행했는데, 이 시기 네덜란드는 경제뿐아니라 문화의 황금시대라 불리고 있었다. 네덜란드는 식민지 개척과해양 무역의 발달로 최고의 황금시대를 구가하고 있었는데, 이런 시대적 자신감이 사실을 강조하는 정물화를 탄생시켰다고 할 수 있다.
　17세기 스페인과의 독립전쟁에서 성공한 네덜란드는 대외무역의성과로 황금시대를 맞게 되었다. 경제가 성장하고 세습 귀족이 생기고중상류층까지 형성되었다. 따라서 새로운 고객의 수요에 맞추어 미술시장에서도 다양한 미술품들이 만들어졌는데 그중에서도 꽃 정물화는 인기가 많았다. 구매자들의 인문적인 교양을 빛나게 해주면서 주해가 어우러진 성서의 말씀 기능까지 겸비하고 있었기 때문에 수요가 많았다.

외부에서 들여온 이국적 꽃들은 부유한 귀족이나 시민의 개인 정원에서도 재배되었으며, 수입된 희귀종을 다시 교배해서 개량종이나 변종을 개발하기도 했는데 대표적인 꽃이 튤립이었다. 1554년 튀르키예에서 네덜란드로 건너온 튤립은 재배하기만 까다로운 것이 아니라 귀하기도 해서 구하기 어려웠고 그래서 그 가격도 매우 높았다. 하지만 돈있는 사람들은 자신들의 담이나 울타리로 채워진 공간에서 수집품으로서의 꽃들을 심고 자랑하고 싶어 했는데 그중 가장 탐내는 꽃이 튤립이었다. 튤립은 씨앗이 알뿌리가 될 때까지 7년쯤 걸리고 기르기도 쉽지 않아 항상 공급이 달렸다. 따라서 일부에서 이루어질 수밖에 없었던 튤립 수집과 매매는 자연히 부와 직결될 수밖에 없었고 또한 지적 관심의 상징으로서 사회적 지위를 과시하는 수단이 되었다.[8] 영화 〈튤립 피버〉(2017)의 첫 장면은 그 광기를 보여준다.

> 암스테르담은 한 종류의 꽃에 사로잡혀 있었다. 바로 튤립이었다. 동양에서 온 이 아름답고 귀한 꽃을 갖고자 사람들은 이성을 잃어갔다. 부자건 가난하건 빚을 내어가며 거래에 뛰어들면서 모종 값은 천정부지로 치솟았다. 가장 귀한 품종은 줄무늬가 있는 브레이커였다. 사람들의 인생을 바꾼 이 신의 선물은 흰색에 진홍빛 줄무늬가 있었으며 모두의 운명을 뒤바꿔 놓았다.

1630년대 네덜란드의 경제적 상황은 투기적 안락감이 퍼질 수 있는 아주 좋은 조건이었다. 스페인의 군사적 위협감에서 해방되었고, 20년 전쟁으로 강력한 경쟁자였던 동유럽의 작물산업이 붕괴 직전까지 가자, 네덜란드의 직물 산업이 호황을 맞게 된 것이다. 당시 유럽 국가 가운데 1인당 국민소득이 가장 높았던 네덜란드인들은 앞 다투어 교외에 거대한 저택을 짓는 등 호황을 만끽했고 이에 따라 부동산 가격도 급상승했다. 풍요와 오만에 젖은 네덜란드인들은 과시욕을 드러냈고 더 큰 부를 안겨줄 대상을 찾기 시작했는데 그 대상으로 튤립이 적격이었다.[9]

튤립은 부유층의 애호품이 되고 부의 상징으로 변해 투기의 대상이 되었다. 사람들은 튤립을 정원에 심으려고 산 게 아니라 비싸게 팔기 위해 사기 시작했다. 페르시아와 튀르키예를 거쳐 유럽에 전해진 톈산산맥의 야생초였던 튤립, 이 동양의 꽃 한 송이로 부자가 될 수 있다는 분위기가 사회를 휘감았고 사람들은 튤립에 미쳐갔다. 빌린 돈으로 가격을 무모하게 부풀림으로써 빠르게 돈을 벌려 했던 단기 매매 투기꾼들과 악덕 자본가들, 그들은 허영과 사기로 무장한 중개업자라는 인위적이고 실수투성이인 집단의 부추김에 얽혀 결국 되돌릴 수 없는 상처만 입었다. 튤립으로 부와 풍요를 얻은 사람들을 보며 용기를 얻은 사람들은 빚을 겁내지 않게 되었고 그 빚으로 투기한 대가로 거지나 노동자가 되었다.

그러함에도 그들은 부자가 되는 일이 이렇게 쉬워 보인 적이 없었다고 말했고 사실은 무모한 도박에 가까웠지만, 한동안 투기꾼들의 미신적 축제는 전례 없는 수준에 이르렀다. 모두가 한 송이 꽃으로 금융 놀이를 한 것이다. 한탕을 노린 일부 투자자들, 그들은 양심이라고는 모르는 벼락부자 떼거리와 투기 습관을 추앙하는 구경꾼들, 부도덕한 중개업자 때문에 벼락부자가 될 수 있었다. 하지만 이들을 제외한 사람들은 탐욕스러운 아마추어들과 이기적인 중개업자들이 한데 모여 번영하던 시장을 끝끝내 망가뜨리는 데 성공한 소모품으로 전락했다. 누구도 비윤리적 투기꾼들과 신뢰를 파괴하는 중개업자들을 말리지 못했다. 1000길더에 팔리던 튤립이 100길더 이하로 떨어지더니 심지어 5길더에 내놓아도 구매자가 없었다.[10] 그들이 추앙한 신비로운 동양의 꽃은 그렇게 종말을 맞이한 것이다.

3. 사냥

유럽의 식물역사는 크게 15~16세기가 절대왕정 시기의 정치권력과 정원문화 발달 등에 힘입어 본격적으로 식물 수집에 나섰던 시기라면, 17세기는 중국의 식물을 처음 소개하기 시작한 시대라 볼 수 있다. 살펴보면 16세기 중반까지 영국에 도입된 식물은 대부분 유럽이 그 공급원이었지만 그 뒤 약 80년 동안은 중동이 대체지역으로 탐사되었다.[11] 그러다가 북아메리카 탐험과 식민지 건설이 활발해지기 시작한 1620년부터는 캐나다와 버지니아에서 다량의 식물 종이 영국으로 들어왔다. 이때 존 트레이즈 캔트(1570~1638)와 동명인 그의 아들 존 트레이즈 캔트(1608~1662)의 활약 덕분에 영국은 식물채집의 강국이 된다. 당시 영국은 일상생활에서 설탕을 보편적인 기호식품으로 유통할 만큼 경쟁력을 갖추고 있었는데 해외 원정을 통한 희귀 꽃과 식물채집을 국가적 차원에서 주도하기도 했다.

18세기 들어 큐 왕립식물원과 왕립원예학회는 본격적으로 식물학자를 채용하고 채집가들을 후원했다. 경비는 대부분 국가에서 지원하기도 했지만 때로는 부유층 사람들이 개인적으로 후원하는 경우도 있었다. 이들은 지원의 대가로 새로 들여온 꽃과 식물을 기증받았고 이국적인 정원을 꾸며 주목받기를 원했다. 또한 외래종의 잠재적 시장성을 간파한 상인들이 식물전문가를 파견하면서 해외의 식물채집은 더욱 활발해졌고, 희귀식물은 일반에게까지 넓게 보급될 수 있었다. 19세기까지 이어진 유럽의 식물채집은 멈추지 않았는데 특히 영국은 중국의 식물수집 중계자의 역할까지 담당했다. 당시 국가적으로 선발한 식물채집가와 학자는 영국 왕립식물원의 막대한 재정지원과 신분보장을 받았다. 개인이 해외의 식물을 탐사하고 다량으로 들여온다는 것은 불가능했기 때문이었다. 영국은 바람대로 곳곳에 플랜테이션을 조성했고 그곳에서 생산한 고무, 퀴닌, 차와 같은 경제작물은 해외에 수출되어 경제효과를 낼 수 있었다. 그리고 축적된 자원은 다시 새로운 자원 탐색을 위해 활용되었다. 당시 이러한 분위기와 흐름은 동아시아, 그중에서도 약용식물과 별난 꽃이 많다고 소문이 난 중국-티베트로 집중되었다.

티베트에서 처음으로 식물을 수집한 사례는 프랑스 선교사인 장 피에르 아르망 다비드(1826~1900) 신부로 알려져 있다. 그는 중국-티베트-쓰촨-바오싱保定 일대를 여행(1868~1870)하다가 '야생 자이언트 팬더'와 알 수 없는 식물을 발견하자 식물 표본을 만들어서 파리의 자연사박물관에 보내 확인을 요청할 정도로 열정적이었다. 1874년 프랑스로 돌아올 때까지 그는 티베트 식물 종 250가지를 들여왔다. 그 뒤 중국 주재 장 마리 드라베(1834~1895) 선교사가 중국 윈난 북동에서 10년간 머물면서 그 지역의 식물들을 관찰하고 수집했는데 그는 세상에서 가장 아름다운 꽃이라고 불리는 작약(쌍떡잎 낙엽 활엽관목)을 발견하고 '드라베 작약elavay's tree peony'이라고 이름을 붙이기도 했다.[12] 드라베는 윈난의 요족瑤族 마을 뒷산에서 인상적인 호수를 발견했는데 그 호수 주위로 작약이 숨어 있었다고 전했다.

마을은 주변의 계곡들로 에워싸여 있었는데, 그 밖으로는 회색 산등성이로, 아래로는 접근을 방해하는 절벽으로 막혀 있어서 혹시나 그곳을 지나가는 사람이 있다 하더라도 발견하기 어려워 보였다. 저녁 어스름에 묻혀 어느새 주변이 어두침침해질 무렵이었다. 사방을 둘러보니 석양이 거대한 호수 위에 걸려 있다. 석양에서 물결치듯 퍼져나가는 빛이 대기에 번진다. 바람과 소금기 섞인 안개와 비에 깎인 절벽의 기암괴석은 불이 절로 붙어 내부에서 달아오른 듯 구릿빛으로 번쩍였다. 반짝거리는 강물이 화염에 휩싸여 있는 것처럼 보이기까지 했다. 태양이 수평선 너머로 가라앉을 때야 비로소 수면은 차분해졌고 절벽 표면의 불꽃도 희미해져 라일락색과 파란색으로 변해갔으며 호수 주변에서부터 어둠이 깔렸다. 두터워지는 어둠 속에서 호수는 그 경계가 지워지고 있을 때였다. 작은 뗏목 하나가 홀연히 갑자기 나타나 내 쪽으로 향해 천천히 다가왔다. 뗏목은 미동 없는 호수에 조금의 자국도 남기지 않았다. 어둠의 밀도가 점차 높아졌다. 어떤 생명체의 징후도 보이지 않았고 식물조차도 숨을 참는 듯한 느낌이 들었다.[13]

영국 태생의 오거스틴 헨리(1857~1930) 또한 중국 후베이성 남부,

이창宜昌과 바탕Ba Tang 지역에 머물면서 식물채집에 몰두했는데 그는 그곳에서 활력적인 나비와 넘치는 곤충들을 보고 감격해했다.

> 푸른 언덕에는 산양들이 풀을 뜯고 있었고, 절벽 위로는 독수리들이 맴돌았으며, 검은 방울새와 처음 보는 곤충들이 수백씩 떼를 지어 우둠지를 툭툭 뛰어다녔다. 메추라기와 뿔닭은 키 작은 관목 아래 둥지를 틀었고 공작나비는 팔랑대며 자신의 주위를 맴돌았다. 불쑥 만나는 그것들은 나를 놀라게 했다.[14]

헨리는 특히 그곳에서 우연히 만난 곤충학자를 인상적으로 기억했다. 깃털 달린 모자를 쓰고 헤진 장화를 신은 그 곤충학자는 숲에서 오래전에 멸종한 것으로 알려진 코르시카붉은사슴을 여러 차례 목격했다고 전해주었는데 사슴은 머리가 몸에 비해 지나치게 비대하고 눈을 동그랗게 뜬 것이 마치 불치병에 걸린 꼽추 같아 보였고 신화적인 인상을 풍기는 동물이었다고 했다. 그러면서 산림에 서식하는 야생동물 덕분에 매년 초가을이면 국적을 짐작할 수 없는 사람들이 나타나 사냥 열기로 달아오른다는 이야기도 전했다.[15]

곤충학자 한번은 죽음에 대한 공포에 사로잡혀 눈을 동그랗게 뜬 것이, 두려움에 떨고 있는 개를 닮은 사슴을 만났는데, 그 사슴은 어딘지 동양적인 인상을 풍기는 동물이었는데, 사냥꾼들에게 잡혀 현장에서 도륙을 당하는 모습을 목격하기도 했다오. 사냥꾼들은 주전자 비슷한 머리통을 이리저리로 돌리며 담소를 나누었는데, 여성은 보이지 않았고, 모두 손등에 털이 부숭부숭한 남자들이었는데 위협적인 몸짓에 파괴적인 입술을 가지고 있었다오. 그들은 개를 닮은 사슴의 목에 올가미를 씌워 나뭇가지에 걸어놓은 다음 사슴의 배를 걷어차기 시작했다오. 네 명의 남자들이 번갈아 가며 사슴을 패기 시작했지. 아마도 그렇게 하면 고기의 맛이 부드러워진다는 것을 알고 있는 듯했다오. 사슴은 개와 같은 비명을 지르며, 아니, 목이 밧줄에 감겨 있어 비명조차 지르지 못했는데 어떤 불분명한 불안한 소리를 내며 다리를 허둥댔다오. 그 장면을 보고 난 고개를 돌려 토했다오.

침을 뱉는 곤충학자.

사슴을 상상하는 헨리.

곤충학자 코는 뼈가 두드러지는 삼각형이었고, 입술은 단단한 선을 이루며, 이마는 결단력으로 뭉쳐 있고, 턱에는 칼자국이 그어진 남자가 사슴의 털에 불을 붙였다오. 사슴 털에 붙은 불은 사슴의 배를 감싸며, 목과 얼굴로 번지더니 금방 꼬리에까지 번졌다오. 그리고 사슴의 온몸을 장악하며 타들어갔다오. 하지만 목숨이 끊긴 것으로 보이는 사슴은 자신에게 이루어지고 있는 화형을 모르는 채로 줄에 매달려 있었다오. 사슴은 본래의 형태를 버림으로써 자신에게 가해지는 그 굴욕을 감수하는 형체를 이루었다오. 털이 타들어가는 냄새가 주위에 번졌고 허공을 비행하던 독수리가 그 냄새 때문인지 폐부가 고통스러운 듯 쳐다보았으나 사내들은 개의치 않았고 오히려 타들어 간 사슴의 배를 어루만지며 웃음을 나누었다오.

표정이 일그러지는 헨리.

입술을 닦는 곤충학자.

곤충학자 사내들은, 아니 그놈들은 호기로운 웃음을 지으며 커다란 돌 두 개를 놓고 그사이에 나뭇가지를 놓은 다음 그 위에 커다란 솥을 올려놓았다오. 나뭇가지에 붙은 불은 장작으로 옮겨 붙었다오. 솥 속에 안치된, 고결하고 우아한 사슴의 모습은 이미 음식이 되어 있었지. 사슴의 몸에서 꺼내어진 내장은 할 수 없지 않겠냐는, 인간들이 하는 짓이란 변하지 않는다는, 인간은 육식을 위해 탄생한 동물 아니겠냐는, 신이 동물을 세상에 보낸 이유는 인간의 영양분 공급 때문이 아니겠냐는, 물보다는 불을, 애정보다는 파괴를, 연대보다는 독립된 주체를 더 선호하는 동물이 인간 아니겠냐는 체념과 낙담의 모습으로 뒤엉긴 채 땅바닥에 버려져 있었다오.

사냥꾼들이 나누는 대화를 목소리를 달리하여 재현하는 곤충학자.

호기심 어린 눈빛으로 곤충학자를 쳐다보는 헨리.

사냥꾼 A 이놈의 심장이 어디로 갔지?

사냥꾼 B 글쎄. 타 버렸나?

사냥꾼 C 뼈, 그걸 찾아봐. 거기에 붙어 있을지도 모르지.

곤충학자 그들은 허기져 있는 표정이었고, 그래서 그들의 공통된 표정은 사슴고기는 그들이 가장 맛있게 먹을 수 있는 육식처럼 보였다오. 그들은 모두 사슴 생식기를 먹고 싶은 속마음을 숨겼는데, 결국 그들의 몸짓으로 드러나고 말았다오.

사냥꾼 A 없네, 없어.

사냥꾼 B 심장 말인가?

사냥꾼 C 아니, 생식기 말일세. 그걸 먹으면 사슴처럼 가볍고 발랄하게 뛰어다닐 수 있다는데 말이야.

곤충학자 결국 그들은 사슴의 생식기를 찾지 못했다오. 어쩌면 그 사슴은 임신한 암컷이었는지도 모른다오. 그들은 생식기를 포기하고 각자 잘 구워진 다리를 들고, 열심히 뜯기 시작했다오. 전에도 사슴고기를 먹은 기억이 난 듯한 표정들이었다오. 정말, 사슴고기의 맛은 이런 거야, 하는 즐거운 이빨들을 보였고 그 맛을 입 안에서 음미하느라 아무 말도 건네지 않았다오.

입술에 고인 침을 뱉는 사냥꾼 A.
턱에 묻은 사슴의 피를 닦는 사냥꾼 B.

사냥꾼 A 이놈에게 물렸단 말이지.

사냥꾼 B (고개를 끄덕이며) 응. 내 돌에 머리를 맞고 나에게 달려오더라고.

사냥꾼 A 사슴이 인간에게?

사냥꾼 B 나는 또 돌을 던져 명중시켰지.

사냥꾼 A 잘했네.

사냥꾼 B 이번에는 배를 명중시켰지.

사냥꾼 A 멋지군.

이때 헨리는 그 사냥꾼들의 하나가 어쩌면 지금 앞에 서서 열심히 설명하는 저 곤충학자가 아닐까 하는 생각이 들었다. 그래서 그의 상기된 뺨을 유심히 살펴보았는데, 곤충학자는 개의치 않고 자신만이 개발한 복화술에 열을 올리고 있었다.

사냥꾼 B 그런데 놈이 사력을 다해 나에게 달려오더니 알 수 없는 괴성을 지르더니 입을 벌려 내 정강이를 무는 게 느껴졌네.

사냥꾼 A 물어?

사냥꾼 B 그렇다네. 이빨이 내 살에 박히는 게 느껴졌네.

사냥꾼 C (묘한 웃음을 띠며) 그럼, 자네는 병에 걸릴 수 있네.

사냥꾼 B 병이라니? 무슨?

사냥꾼 C 개에게 물리면 뭔가?

사냥꾼 B 광견병 아닌가?

사냥꾼 C 그럼, 사슴에게 물리면?

사냥꾼 B 들어본 적이 없네.

사냥꾼 C 동물에게 물리면 병에 걸린다네.

사냥꾼 B 정말?

사냥꾼 C 동물에게는 균이 많거든.

사냥꾼 B 그럼, 나는 정말 병에 걸리는 건가?

사냥꾼 C 그럴 수도 아닐 수도 있지. 두고 보면 알 수 있겠지.

같은 시기 어니스트 윌슨(1876~1930)은 티베트고원에서 식물을 채집하고 있었다. 그는 16세부터 버밍엄 식물원, 큐 식물원에서 식물학 공부를 했고 식물을 가르치는 교사가 되고 싶었지만, 당시 식물원 원장이었던 W. T. 티셀튼 다이어의 추천으로 생애 처음 중국을 가게 되었다.[16] 윌슨은 그곳에서 오늘날 '키위'라고 알려진 중국의 다래를 보았고 '손수건나무'로 불리는 다비디아 인볼루크라타Davidia Involucrata를 발견했다. 1903년 두 번째 중국 탐사 길에 오른 윌슨은 이번에는 티베트 산악 지대에서 자라는 고산식물인 메코놉시스 인테그리폴리아 Meconopsis integrifolia를 찾고 있었다. 그가 해발 4300미터 쓰촨성 캉딩康定으로 이동하던 때의 일이다. 작열하는 태양 아래서 머리털이 절로 불붙을 만큼 뜨거운 열기에도 식물을 찾아 헤매던 그의 앞에 총을 든 사람들이 나타났다. 윌슨이 보기에 그들은 틀림없는 사냥꾼들이었다.

> 성미가 까다로워 보이는, 머리가 벗어져 가는, 얼굴이 좁고 뺨은 벌겋고, 눈알이 노랬으며, 턱에 사마귀가 나 있는 남자 한 명이 숲으로 들어가는 길목을 막고 나를 저지했다. 그는 무장을 한 채 숲의 점령군이라도 되는 듯 아니면 적군의 침공이 임박하기라도 한 듯 보초를 선 것처럼 무뚝뚝하게 서 있었다. 면도도 안 한 그의 모습은 터무니없는 의욕이 가득한 얼굴이었다. 나는 그에게 다가갔다. 한 예순쯤 먹은 그 땅딸막한 남자는 지금 이 위험지역에서 당장 꺼지지 않으면 가지고 있는 총으로 어찌할 수도 있다는 몸짓으로 나를 노려봤다. 나는 애써 태연한 척하며 그저 이 지역에 출몰한다는 사람을 닮은 나방을 채집하러 왔다는 가벼운 농담조의 말을 하며 그의 옆을 스치듯 지나갔다. 그는 한 쌍의 황동 귀고리를 과시하

듯 걸고 있었는데 유난스러운 건, 그가 협곡을 등진 채 야트막한 돌 턱에 앉아 연발총으로 보이는 그것을 무릎에 가로로 올려놓고 멍청하게 허공을 응시하고 있었다는 점이었다. 그가 소지한 탄창은 몹시 컸고, 탄창을 꽂은 탄띠 역시 몹시 넓어서 가죽조끼처럼 배부터 가슴 절반을 덮고 있었다. 나는 걸어가다 뒤돌아서 그에게 다가가 아는 체를 하고는 여기서 무엇을 기다리느냐고 물었다. 그러자 그는 사슴, 붉은 사슴이오, 하고 말했다.[17]

그로부터 1년 뒤, 윌슨은 깊은 산골 티베트 마을에서 사슴에게 물린 어떤 사냥꾼의 이야기를 듣는다. 믿기지 않았지만, 그 이야기는 티베트를 여행하는 사람들 사이에서 전해지고 있었다.

전해들은 이야기[18]

그날 오후, 그 사내는 사슴고기를 맘껏 먹고, 기쁨과 희열에 찬 기분으로 집으로 돌아오는 길이었다. 배가 살살 아프기 시작했다. 배탈이 난 것 같았다. 너무 많이 먹었어. 맛있는데 어쩔 수 없잖아. 먹는다는 것의 쾌락을 견딜 수 없었다. 이빨 사이로 터지는 사슴고기의 육즙은 섹스에 버금가는 희열을 주었다. 사슴의 생식기를 못 먹은 것이 못내 아쉬웠다. 하지만 사슴의 피와 눈알을 소유했다는 데서 자긍심을 느꼈다. 그러면 됐다. 사내는 그렇게 생각하며 어서 집으로 가 쉬고 싶었다. 복통은 두통보다 힘들었다. 참으며 걸었지만 사내는 길에 쓰러졌다. 가만히 있는데도 입 언저리로 침이 흘러내리는 것 같았다. 게다가 기분 때문에 그랬을 수도 있지만, 이상하게도 개처럼 짖고 충동이 느껴졌고 팔과 다리를 허공에서 휘저었다. 그것이 사슴고기를 먹은 증상이라고 믿기는 어려웠고 그럴 만한 증거도 없었다. 사내는 땅에 누워 생각했다. 어쩌면 다른 사람의 손이나 발을 물어 자신의 병을 옮길 수도 있다고, 그러면 자신의 병은 사라질 거라는 생각이 들었다. 근처를 지나가는 한 사람이 그를 발견하고 말을 걸어왔다.

지나가는 사람 어찌 된 일이오?

사내는 자신을 업어줄 수 있냐고 물어보았지만, 그는 그 말을 듣고 등을 돌려 사라졌다. 사내는 온갖 생각들이 들었지만, 생각들은 언어를 빠져나갔다. 그는 여전히 쓰러져 있는 자신에게 어울리는 뒤틀린 자세를 취했다. 사내는 점점 몽롱해졌고, 그 몽롱한 시선으로 세상을 몽롱한 것으로 바꿔놓았다. 주변에 있는 것들이 그를 향해 좁혀져 왔다가 멀어져 가곤 했다. 사내는 순간 자신의 끝이 다가온 것이 아닌가 하는 생각이 들었다. 사실 그 기분은 낯설지 않았다. 그는 간신히 온몸에 힘을 주어 지렁이처럼 몸을 이끌고 집 앞까지 왔다. 어느새 밤이 내렸고, 그 어둠이 사내의 생각을 지워버렸고, 그 지워진 생각 위로 아무런 생각도 떠오르지 않았다. 그렇게 아침이 되었고 사내는 여전히 집 앞에서 누워 있었다. 아침이 되자 몇몇 사람들이 지나갔지만 그를 쳐다보지도 않았다. 오히려 경계의 눈빛으로 멀리 떨어져 뛰어가는 사람도 보였다. 다행히 한 아이가 다가와 물었다.

아이 무슨 일이죠?
사내 좀 더 다가와 나의 말을 들어보렴.

사내가 안쓰럽게 요청하자 아이는 다가왔지만 저만치 떨어져 가까이 오지는 않았다. 그는 손을 뻗으면서 아이에게 괴로운 표정을 지어 보였다. 그러자 아이는 무서운 개를 보기라도 한 듯이 도망쳤다. 아이는 아이다운 밝으면서 명랑한 모습을 꾸며내지 않았다. 동정하는 기색도 보이지 않았다. 아이가 등을 돌려 뛰어가면서 혼잣말로 크게, 아무래도 누워 있는 사내에게 들으라고 일부러 한 것 같았는데, 병든 개로구나, 하는 거 같았다. 그래서 사내는 아이의 등에다 뭔가를 잊고 간 것이 있다는 듯 소리를 질렀지만 아무런 소용이 없었다. 이상하지만 사내는 자신이 내는 소리는 컹컹, 하는 개의 그것과 비슷하다는 것을 점점 느꼈다. 아무리 애를 써도 인간에게서 나는 소리가 나지 않았다. 피부병에 걸린 개가 내는 신음소리 같았다. 사내는 힘을 내어 집 안으로 들어갔다. 당연하지만 아무런 인기척도 어떤 소리도 나지 않았다. 마당에 들어선 사내는 우물을 보았다. 깊은 그곳은 아늑한 느낌을 주었다. 그는 작별의 시간이란 이런 것인가, 하는 생각이 들었고 오랫동안 사용하지 않은, 메말라버린 우물 안을 들여다보았다. 저 안으로 들어가면 포근할 거 같았다. 사내는 온 힘을 들여 우물 속으로 몸을 밀어 넣었다. 아니 실제로는 몸을 던졌다. 약간의 기운이 필요했다. 몸이 바닥에 부딪히는 소리와 함께 뼈가 부러진 듯했지만 아무런 통증도 느껴지지 않았다. 신음소리를 내고 싶었는데 역시 컹컹, 하는 소리만 나왔고 그 소리는 듣기 싫었다. 사내는 자신의 끝이 빠른 속도로 다가오고 있음을 느낄 수 있었다. 사내는 조용히 눈을 감았다. 어둠 속에서 찾아올 자신의 끝을 기다렸다. 그리고 마침내 끝이라는 어떤 기분이 들었을 때 하나의 장면이 어른거렸다. 사슴의 심장이었다.

4. 조지 포레스트

들의 백합화가 어떻게 자라는가,

생각하여 보라.

수고도 아니 하고, 길쌈도 아니 하느니라.

그러나 내가 너희에게 말하노니 솔로몬의 모든 영광으로도

입은 것이 이 꽃 하나만 같지 못하였느니라.

〈마태복음〉 6장 28~29절에 나왔던 문장을 좋아했던 조지 포레스트 (1873~1932)는 스코틀랜드 태생으로 중국 서부, 윈난과 티베트 일대를 평생 탐사한 식물채집가로 알려져 있다. 1873년 3월 13일 시골 마을 인 팔커크Falkirk에서 태어난 그는 원래 화학에 관심이 있었으나 킬마녹 Kilmarnock 학교에서[19] 새로운 학습에 흥미로움을 느끼게 된다. 학교에서 는 질병과 전염병에 대한 약제법과 약의 효능을 알려주는가 하면 식물 이 서로 기여하고 연대하는 방식, 즉 연약하게만 생각했던 식물들이 인 간보다 더 현명하고 오래 살아가는 방식을 알려주었다.[20] 포레스트는 이때부터 식물의 매력에 빠졌다. 그는 식물채집과 활용법, 가령 말리고, 이름 붙이고, 보관하고, 표본으로 만드는 방법에 재미를 느꼈다.[21] 그는 단지 식물을 만지작거리던 흥미로움에서 벗어나 꽃과 나무의 관계, 성 장의 이유 심지어 성장의 목적 등을 생각하게 되었고, 그의 지적 호기심 은 찰스 다윈과 다윈의 친구 아사 그레이의 논문과 저서들을 탐독하기 에 이른다. 당시 아사 그레이는 미국 식물학의 아버지로 명성을 날리던 인물이었다.[22]

젊은 시절 그에게 욕망을 자극하는 요소는 붕괴 직전의 국가나 전쟁이 아니라 고요하게 전진하는 식물이었다. 꽃과 나비 그리고 식물만이 그에게는 낙원의 조건이었다. 포레스트가 식물에 빠진 결정적 이유는 식물이 보이지 않게 이동하는 움직임이었다. 식물은 좀처럼 가만 있지 않았다. 그들은 경쟁하듯 먼 곳까지 이동했다. 단지 시간이 오래 걸릴 뿐이었다. 식물은 자신이 원하는 만큼 이동할 수 있었다. 자유롭게 서서히 이동하기. 그것이 바로 식물이 생애 동안 하는 일이었다.

1902년 호주로 여행을 갔다 온 포레스트는 인생의 전환점을 맞는다. 당시 에든버러대학에서 식물학을 가르치던 밸푸어 교수를 우연히 만나게 된 것이다. 엉뚱하면서도 진지한 포레스트를 지켜본 밸푸어는 당시 중국 남서부 탐사를 준비하고 있던 영국인 면화 상인 아서 벌리(1861~1942)에게 포레스트를 추천해준다. 1904년 5월, 포레스트는 벌리의 배를 타고 자신의 인생에서 처음으로 중국 윈난 지방으로 식물탐사를 떠나게 된다. 티베트 서남부, 윈난에 도착한 포레스트는 자신이 속한 유럽과는 전혀 다른 공기의 흐름을 맛보며 남은 시간을 이곳에서 식물과 나비를 찾고 수집하는 데 보내겠다고 다짐한다.

포레스트가 중국에서 처음으로 경이로운 느낌을 받은 지역은 메콩강, 장강, 살윈강이라고 불리는 거대한 물결의 집합지였다. 포레스트는 거대한 강과 그곳에서 뻗어 나온 수많은 지류로 인해 깊은 계곡과 높은 바위산이 생태학적으로 서로 고립되어 있어서 다양한 식물 종을 발견할 수 있다는 희망을 품었지만 끝내 자신이 찾고 있는 진달래꽃은 보이지 않았다. 포레스트는 밤이 되면 강 주변이나 큰 바위 아래서 노숙을 하며 식물이 세상에 나온 이유에 대해 생각했다.

조지 포레스트는 늘 토착민 가이드와 함께 꽃과 식물을 찾아다녔다.

이곳은 얼핏 보면 불완전하고 텅 비어 보이고, 거대한 구멍(틈)처럼 느껴진다. 이곳은 공기가 정지해 있는 느낌을 준다. 하지만 이곳에서도 생명체들은 저마다 생기를 뛰고 있다. 아침이면 동물이든 식물이든 벌레든 인간이든 저마다의 목적성을 가지고 움직인다. 빠르게, 느리게, 구름의 속도로, 개의 보폭으로 움직이며 저마다의 소리를 내고 냄새를 풍긴다. 살아있음을 과시한다. 경이롭다.

식물의 필요성을 적는다.

첫째, 동물은 식물을 통해 산소를 마신다.

둘째, 동물의 영양분으로 필요하다.

셋째, 동물이 병들었을 때 치료제로서 사용할 수 있다.

넷째, 인간이 입을 옷 재료로 사용할 수 있다.

다섯째, 집을 지을 재료로도 사용할 수 있다.

여섯째, 불을 지필 때 필요하며,

일곱째, 여러 가지 기름을 얻을 수 있다.

여덟째, 무엇보다도 식물은 사람이 살아가는 데 필요한 것을 제공한다.

처음 경험한 티베트의 자연은 경이로움과 황량함이 섞인 곳이었다. 간혹 찾아든 이방인들은 외로움과 고독을 견디지 못하고 떠나갔지만, 포레스트는 진정한 가치는 공포와 두려움 속에서 얻을 수 있다고 생각했다. 개인의 이득은 국가의 선과 일체를 이루어야 한다고 주장했던 스승의 주장에 동의한 포레스트는 식물학자보다는 채집가였으며 진정한 여행자였다. 결핍에 대한 상실감이 크지 않은 그에게 티베트는 다른 대상을 발견하고 탐구할 수 있는 절호의 기회였다. 스승인 밸푸어 교수가 철저한 관찰과 계산을 통해서만 움직였다면 포레스트는 충동에 따라 행동하면서도 틀리지 않는 직관력을 가지고 있었다. 스승은 온화한 영혼을 반영하는 듯한 다정한 인상의 소유자였던 반면, 포레스트는 강인한 성격을 대변하는 듯 키가 크고 근육질이었다.

윈난의 강과 그 강의 주변, 계곡이 화강암으로 감싸여 있는, 마치 연체동물의 몸속을 연상시키는 자연에 반한 포레스트는 그날의 일기에 이렇게 적는다.[23]

강을 거슬러 올라간다. 답답하고 후텁지근하며 숨이 막힌다. 왼쪽 강둑으로는 반짝이는 몇 안 되는 불빛들이 보이고 발밑으로는 공포감을 불러일으킬 정도의 검은 강물이 넘실거린다. 나는 좀 더 빽빽한 초목 지대의 출현을 기대했다. 조밀하면서도 강물과 하늘을 가리지 않을 만큼 크지 않은 그런 초목 지대를 말이다. 아직 진달래꽃을 보지 못했다. 끝이 없어 보이는 강을 거슬러 올라가는 일은 따분함을 주지만 언제나 물에 뛰어들어 누구의 간섭도 없이 수영을 할 수 있다. 갈대로 덮여 드넓은 평야처럼 보이는 강의 수면을 보며 몸의 퇴화에 관한 사소한 생각을 한다. 왜인지는 모른다. 다만, 이곳의 강은 나로 하여금 몸의 쇠퇴와 죽음의 관계를 생각나게 했는데 지금 내가 아는 노화와 몸에 관한 확실한 사실은 배고픔과 고통이 고독이나 외로움보다 더 빨리 사람의 신체 수명을 노화시킨다는 점이다. 혹시나 하여 하마를 찾아보지만 보이지 않는다.

아주 적은 음식과 공기에도 기어코 살아남는 법을 고민하던 포레스트가 강 상류에서 무리를 지어 가던 양 떼와 마주친 날이었다. 양의 무리 속에 있던 목동이 그에게 다가왔다. 포레스트와 목동은 중대한 담화를 앞둔 어떤 부족의 수장처럼 잠시 서로가 먼저 입을 열기를 기다리는 듯 쳐다보았고 서로가 아무 말도 하지 않았다. 모든 대화 속에는 침묵과 독백의 요소가 있다는 것을 그들은 안다는 듯이 정말 한동안 아무 말도 하지 않은 채 서로를 쳐다보았다.

거리를 유지한 채,

서로 멀찍이 떨어져서,

바라보는 두 사람.

포레스트 애야, 꽃을 찾고 있단다.

목동 아저씨는 어디서 왔어요?

포레스트 바다를 건너왔어.

목동 왜요?

포레스트 꽃을 찾고 싶어서.

목동 저쪽, 저 안으로 들어가 보세요.

포레스트는 목동이 알려준 방향으로 나아갔는데 그곳에는 자신이 기대하던 진달래꽃은 보이지 않았고 물고기를 잡으려고 그물을 만지작거리는 원주민들만 보였다. 그들은 원을 이루어 같은 자리를 반복해서 돌면서 알아들을 수 없는 노래를 부르고 있었다. 멀리서도 그들의 경쾌한 움직임과 야성적인 피부는 확연하게 보였다. 그들 뒤로는 공중에서 수직 낙하하는 굉장한 폭포가 보였는데 물줄기 속에서는 제법 큰 물고기들이 연이어 떨어지고 있었다. 어떤 물고기는 중력에 저항하려는 듯 위로 솟구치는 모습을 하고 있었다. 하지만 곧 중력을 받아들이는 물고기의 낙심한 모습이 포착되었다.

포레스트는 폭포로 다가갔다. 작고 그늘진 물웅덩이를 건너 뛰었다. 우렁차게 떨어지는 폭포수로 수면이 요동쳤다. 가장자리에는 거품이 일었고 오도 가도 못하는 굵은 나뭇가지에 풀과 썩은 낙엽들이 엉겨 있었다. 별것 아닌 광경이었는데 멋지게 보였다. 물웅덩이 수면에 파장이 일어 조용히 응시하니 그 안에 뭔가 살아 움직이는 것이 보였다. 물살을 거스르며 주둥이를 내밀고, 좌우로 꼬리만 흔들고 있는 가느다란 그림자가 하나, 둘이 아니었다. 그림자 하나가 파닥거리더니, 등을 내밀고 떠오르더니 이내 물속으로 사라졌다. 연어 같아 보였다. 그때 포레스트는 이상한 생각이 들었다. 물고기가 물이 흐르는 방향으로 헤엄치는 것이, 그것이 훨씬 쉬울 텐데 그래야 물살을 견디느라 힘쓸 일도 없고 더 편할 거 같은데 어째서 물고기들은 물살에 밀려가지 않을 정도로만 꼬리를 흔들고 있을까. 그날 밤 포레스트는 어둠에 잠긴 거대한 산을 보고 또 그 뒤로 솟아난 빙하를 보면서 하나의 사실을 깨닫는다. 모든 것은 저 위, 빙하로부터 내려온다는 것이었다. 개울, 연못, 폭포, 나비, 잠자리, 벌레 그리고 강물에 휩쓸려가지 않으려 꼬리를 힘차게 흔드는 연어와 바람에 흔들리는 나뭇가지와 잎사귀, 그 모든 것은 저 위, 빙하로부터 흘러 내려왔다. 그래서 물고기는 자기 앞으로 흘러 내려올 먹이를 기대하며 위쪽을 바라본 것이다. 지금 내가 있는 곳이 현재라면 과거는 나를 지나쳐 흘러간 물이다. 그 물은 늘 아래 방향으로 흘러간다. 반면에 미래는 놀라움과 위험을 품은 채 위에서 내려오는 물이다. 그렇다면 나의 운명과 세상에 존재하는 모든 생명은 저 빙하를 피할 길이 없다.[24] 포레스트는 그렇게 생각했다.

1905년 화창한 봄날, 포레스트는 윈난의 서쪽, 텅충騰冲으로 이동한다. 그곳은 특이한 나무들과 싱싱한 열매들을 자연으로부터 선물 받은 매혹적인 곳임에도 불구하고 사람들은 굶주림과 질병에 시달리고 있었다. 무엇보다 예방과 처방이 시급한 병에 노출되어 있었는데 그건 천연두였다. 포레스트는 자신의 의학지식을 이용해 마을 사람들의 질병을 치료해주었다. 그리고 얼마 후, 마을 뒤편에 펼쳐진 계곡에서 그동안 접해보지 못한 식물과 꽃의 유형이 다양하게 분포되어 있음을 발견한다. 그곳에는 관목이 많았고, 초본식물이 다양했으며, 높은 석회암 산등성이에는 '로도덴드론Rhododendron'(철쭉류)[25]이 지천으로 널려 있었다. 감탄할 만한 모양새를 가진 나비들도 날아다녔다. 하지만 그의 흥분과 설렘은 오래가지 못했다. 그가 그곳에서 우연히 만난 프랑스 신부와의 동행을 오해한 마을 사람들과 라마승들의 공격을 받아 도망가야 하는 일이 발생한 것이다.

> 강기슭에 지은 임시선교회 건물에서 신부 두 명과 내가 머물고 있을 때였다. 섬뜩한 소식이 날아들었다. 아툰즈에 주둔한 중국 군대와 무장한 라마승들이 이곳으로 오고 있다는 것이었다. 우리는 황급히 남쪽으로 약 50킬로미터 떨어진 마을로 도피해야 했다. 달빛에 비추는 길을 따라 나와 신부 두 사람은 앞장서 걸었고, 그 뒤로 약간의 신도들이 뒤를 따랐다. 이름을 알 수 없는 불교사원 근처를 지나치게 되었다. 숨죽여 가는데 갑자기 나팔 소리가 들렸다. 나와 신부는 놀라며 도망쳤다.[26]

이유도 모른 채 도망치던 포레스트는 신부가 활에 맞아 죽는 현장을 목격하고 큰 충격을 받는다.

> 어디선가 날아든 화살에 신부가 맞았다. 그가 쓰러지기도 전에 붉은 옷을 입은 라마들이 달려들어 신부의 숨통을 끊어놓았다. 우리 일행은 한 사람씩 활에 맞아 죽거나 생포되었고 겨우 몇 명 정도만 몸을 피할 수 있었다. 물속으로 몸을 던지는 엄마와 딸도 있었다. 탈출에 성공한 사람은

단 한 사람뿐이었다.[27]

신부의 죽음을 목도하고 메콩강이 흐르는 동쪽 길로 황급히 도망간 포레스트는 그곳의 끝이 낭떠러지임을 알고 자신이 이곳에서 죽을지도 모른다는 두려움과 공포감에 시달린다.

썩은 물, 축축한 땅, 쾌쾌한 낙엽. 어떤 계곡에 이르렀다. 서쪽으로는 높은 산맥이 가로막고 동쪽으로는 물살이 빠른 강물이 흐르고 있었다. 빽빽한 숲이 들어찬 북쪽과 남쪽에는 나를 잡으려는 라마들이 길목을 지키고 있었다. 어쩔 수 없이 동쪽을 택할 수밖에 없었다. 강줄기를 따라 내려가니 경사가 심각했는데 더 심각한 건 저 앞에 몽둥이를 든 마을 사람들이 길을 막은 채 진을 치고 있다는 것이었다. 잠시 후 어찌 된 일인지 나는 그들에게 발각되었는데 어리둥절 하는 사이 그들은 빠르게 달려왔다. 잠깐 머뭇거렸다. 하지만 암만 생각해도 그들과 대적할 수는 없었다. 나는 뒤돌아 뛰어갔다. 경사에서 굴러 떨어졌다. 옷이 찢어지고 온몸이 멍투성이가 되었지만 소리를 낼 수 없었다.[28]

낭만적인 식물채집과 안락한 나비 감상의 시간은 뒤로 미루고 도망자의 신분이 된 포레스트는 긴박하게 숨을 곳을 찾아다녀야 했다.

계곡 사이의 통로는 눈으로 덮여 막혀 있었고, 길은 낭떠러지로 이어지기 일쑤였으며, 배로 지날 수 없는 강이 많았고 다리가 있다고 해도 대나무 밧줄로 만든 흔들거리는 그것이 전부였다. 저녁이 되면 지독한 습기가 괴로웠다. 밤이 되면 불을 피우고 잠자리에 들기 전까지 몸을 따뜻하게 하고 싶었지만 그럴 수 없었다. 불빛은 광선보다도 더 멀리 더 환하게 빛난다는 걸 알고 있었기 때문이었다. 난로가 그리웠다. 음식이라고는 보리 한 줌이 전부였다.[29]

포레스트는 어렸을 적 엄마가 자신에게 준 사랑과 애정이 떠올랐다.

춥고 습기가 가득한 겨울이었다. 엄마는 아침에 일어나자마자 난로에 불쏘시개를 쌓아 넣고 공처럼 만 신문지에 불을 붙였다. 엄마는 연기가 거슬리지도 않는지 부엌에 연기가 자욱한데도 방이 따뜻하게 데워지는 동안 담요를 둘러주고 방금 짠 젖소의 그것을 가져다주었다. 내가 우유를 받아들며 웃자 엄마는 이마에 입을 대고, 내 사랑, 이라고 말해주었다. 엄마는 아침식사로 나에게 토스트와 딸기 잼을 주었다. 만족스런 아침이었다.

포레스트는 텅충에서 잠깐 만났던 또 다른 신부가 비참한 최후를 맞았다는 이야기를 듣고 비통해했다. 신부가 라마승에게 붙잡혀 잔인한 고문을 당하고 코와 귀가 잘리고 눈도 빠졌으며 머리가 잘리고 사지가 절단되었다는 이야기, 심지어 죽은 뒤에 혀가 뽑히고 그 지역 곳곳에 나뉘어 전리품처럼 전시되었다는 소식을 듣고 낙심했다. 하지만 무엇보다도 견디기 힘든 것은 오랫동안 자신이 수집한 식물들을 잃어버린 것이었다.

이제까지 애써 모은 식물 2000여 종과 씨앗 80여 종 그리고 필름 100장을 몽땅 잃어버렸다. 값을 매길 수 없는 귀한 것인데 말이다. 그건 모두 사람의 발길이 닿지 않는 고요한 장소에서 채집한 식물들이며 대부분이 이제까지 알려지지 않은 식물들이다. 어디 가서 그것들을 찾을 수 있단 말인가?[30]

5. 기도

절친한 동료인 리튼이 말라리아로 죽고 포레스트는 실의에 빠져 모든 것을 포기한 채, 윈난 북서쪽 리창산맥 아래로 이동한 뒤 허송세월을 보내고 있을 때였다. 그곳은 괴상하지만 귀엽게 생긴 짐승과 곤충들이 많았다. 특히 커다란 날개를 가진 나비들이 많아 포레스트는 그곳을 '낙원의 발견'이라고 어딘가에 써놓을 정도였다. 빙하와 호수를 바라보며 누구의 방해도 없이 지내며 고요함과 안정을 찾은 어느 날, 포레스트는 그곳에서 식물을 애타게 찾는 자신처럼 사냥에 들뜬 사람들을 만난다.[31]

> **포레스트** 뭘 잡으려고 그렇게 들떠 있소?
> **사냥꾼** 새요.
> **포레스트** 무슨 새요?
> **사냥꾼** 공작새.
> **포레스트** 날아다니는 새를 어떻게 잡소?
> **사냥꾼** 돌, 뾰족한 돌로 잡지.

포레스트가 보기에 그의 이마와 뺨은 순간적이긴 했지만 자랑스러운 표정이 묻어났다. 사실 포레스트는 그가 새를 잡은 이야기에는 별로 관심이 없었다. 단지 그가 담배 연기를 허공으로 보내며 폐에서 기어이 끌어올린 가래를 땅에 뱉는 모습을 보면서 저 사람은 담배를 피울 자격이 없고 무엇보다 몸이 염려스러워, 사냥의 자랑질보다는 우선, 서둘러 이 숲을 내려가 자신의 몸을 돌보아야 하는 게 하는가 하는 생각이 먼저 들었다. 하지만 그는 안쓰러워 하는 포레스트의 표정을 읽지 못했는지, 아니면 애써 외면했는지 모르겠지만 기어코 자신이 새를 잡은 이야기를 들려주었다.

들어보시오. 그날의 일이요. 그날, 나는 뾰족한 돌을 몇 번이나 던진 끝에 놈(공작새)을 맞혔지. 호두알만 한 놈의 머리통을 정확하게 맞혔는데 놈은 푸드덕대며 쥐똥나무 가지에 아슬아슬하게 걸려 떨어지지 않았다오. 내가 나무 아래로 가서 위를 올려다보니 놈의 한쪽 눈알이 박살 나 있더군. 흐느껴 우는지, 아니면 자신의 동료를 부르는지 놈은 처음 들어보는 소리를 연신 내고 있었다오. 나는 잠시 그 소리를 감상했지. 처량한 노래처럼 들리더군. 놈은 나무에서 떨어지지 않으려고 안간힘을 쓰고 있었소. 나는 돌을 집어 다시 한 번 놈의 머리를 겨냥하고 힘껏 던졌다오. 난 투석을 제법 잘하거든. 근데 내가 던진 돌이 놈의 목에 보기 좋게 맞고 말았다오. 놈은 서늘한 소리를 길게 내더니 이내 땅으로 떨어졌지. 나는 맹렬하게 짖으며 놈에게 달려드는 나의 충견 핏불테리어를 저지하며 놈을 내려다보았지. 놈이 비스듬하게 날개를 펼치며 버둥거리더라고. 나는 줄과 손도끼를 꺼내어, 줄로 목을 조를지 아니면 도끼로 단숨에 놈의 목을 칠지 잠시 고민했다오. 순간 담배가 간절히 생각났다오. 왜, 있잖소? 긴장이

엄습하거나 무언가를 결정해야 하는 순간의 두려움과 공포 말이오. 나는 꼭 그런 순간이 오면 담배 연기를 입 안에 넣거나 섹스를 해야 하거든. 무언가를 어떤 구멍이나 틈에 넣어야 직성이 풀려.

그가 입술 주위로 허연 침을 보글거리며, 포레스트에게 질문할 어떤 여지도 주지 않으면서, 계속 주절거리는 그의 상기된 얼굴을 보며 포레스트는 처음으로 이 인간은 인간이 아니고 인간으로 외피를 두른 악마가 아닌가, 하는 생각이 들었는데 그러면서 이런 인간은 아마도 사람들의 지탄을 흠뻑 받기 위해서 태어난 것이 아닌지, 그것이 아니면 누군가를 욕하고 싶은 사람들이 욕을 맘껏 할 수 있게 하기 위해서 탄생했는지도 모른다는 생각이 들었다. 인간의 탄생은 그 스스로가 원하거나 소망한 것이 아니듯이 인간은 선한 자와 그렇지 못한 자, 부지런한 자와 게으른 자, 건강한 자와 아픈 자, 똑똑한 자와 바보, 예민한 자와 둔감한 자, 모두는 이 세상에서 자신이 하게끔 되어 있는 역할을 의심 없이 하게끔 되어 있다는 걸 포레스트는 믿어왔다. 그건, 신이 인간을 만든 취향이며 그런 구조를 좋아하고 만족하기 때문일 것이라고 생각했다. 포레스트가 충혈된 그의 눈알과 거품으로 보글거리는 입술 주변을 연신 쳐다보자 그는 손등과 팔등에 검은 털이 부숭부숭한 자신의 그것으로 얼굴을 문지르더니 말을 이었다.

인간이건, 동물이건, 결국 죽기 위해 태어나는 거 아니겠소. 모든 종말이 아무런 명분도 없이 비참하게 죽는다는 것은 바람직하다고 나는 생각하오. 나는 잠시 고민하다가 허리를 숙여 놈의 목을 졸라서 숨을 끊었소.

잠시나마 버둥거리며 놈은 그 커다란 날개로 나의 얼굴을 후려쳤지만 그리 강하지는 않았소. 나는 개의치 않고 나의 직성대로 손을 풀지 않았소. 놈은 버둥댔지만 내가 보기에는 놈은 마치 쾌락으로 온몸의 감각이 사라지는 것 같았어. 내가 새의 구원자가 된 듯한 기분이 들었지. 나는 놈에게 좋은 죽음이란, 바로 이런 것이야, 하는 추천하는 죽음을 선물한 느낌을 받았다오.

포레스느는 그때, 그가 새를 목 졸라 죽였다며 만족할 만한 표정을 지으며 어깨를 들썩일 때, 어렸을 적 아버지가 그에게 해준 말이 떠올랐다. "살면서 누군가를 보면서, 절대로 그처럼 되어서는 안 된다는 사람을 만나거든 고개를 돌리거라, 외면하거라, 중요한 건 상대방이 눈치를 채야 한다는 것이다." 포레스트는 아버지의 조언대로 그를 외면하며 다른 쪽을 쳐다보았다. 하지만 그는 눈치를 채지 못했는지, 자신의 영웅담을 이어갔다.

사냥꾼 매년 이맘때면 멧돼지를 잡으러 숲으로, 표범을 잡으러 산으로, 사슴을 잡으러 벌판으로 나다니느라 쉴 틈이 없소. 하지만 멈출 수가 없소. 중독이라고 봐도 좋소.
포레스트 맞아요. 중독.
사냥꾼 상관없소. 내가 부는 나팔 소리만 들어도 짐승들은 놀라 자지러진다오. 나의 충성스러운 사냥개들은 비탈길을 질주하고 나는 돌을 허공에 휘두르며 달려 나가지. 잠시 후 새들은 우박처럼 하늘에서 툭툭 떨어진다오. 나는 매일 저녁 피곤하여 집으로 돌아왔지만, 전혀 노곤함을 느끼지 못한다오. 그렇게 죽이고 또 죽이는 일을 매일 반복해도 말이지.

밤이 되자, 포레스트는 인간의 살기와 광기란 무엇인가를 생각하게 되었다. 그리고 우쭐함을 넘어 자긍심을 가지는 사냥꾼의 입술과 표정을 떠올렸다. 포레스트는 자신의 식물일지에 처음으로 꽃과 식물, 나비와 잠자리가 아닌 사냥꾼의 거창하고 지속적인 살육의 규모에 대해 자신의 감정을 적었다.

나는 오늘, 태양처럼 자기 맘대로 타오르는 사냥꾼의 얼굴과 끊임없이 침이 보글거리는 그의 입술을 보고 확신했다. 그는 아마도 매일 아침 눈을 뜨자마자 세수도 하지 않은 채, 온종일 가시지 않는 살기의 도취 속에서 손닿는 대로 주위의 모든 동물을 쓰러뜨리는 특별한 존재일 것이다. 나는 그의 얼굴을 떠올리며 저주한다. 만약 그에게도 영혼이 있다면 앞으로 그의 영혼은 마비 상태에 빠지게 해달라고, 작열하는 태양 아래서 머리털이 절로 불붙을 만큼 뜨거운 열기를 온몸이 맛보게 해달라고, 그리고 사지가 떨어져 나갈 듯한 얼음장 같은 추위 속에서 살아가게 해달라고 말이다. 인간의 욕망은 태어나는 순간부터 심장과 더불어 생기는 것이지만, 나이가 들어도 꺼지지 않지만, 그러므로 사냥은 욕망의 바탕이지만, 그래도 살생의 욕망은 벌을 주어야 마땅하다고 생각한다. 그가, 아끼는 자식이 있는지, 공작새와 꿩의 차이를 아는지, 그의 이름도 모르지만, 사실 그건 상관없지만, 그는 어느 순간부터 자신의 죄를 눈치 채고 사냥을 멈출 수도 있겠지만 매일 꿈속에서는 무시무시한 공포에 짓눌리게 해달라고 그를 위해 기도한다.

하느님,

간절히 원합니다.

살생을 일삼는 그놈, 창공을 날아가는 새를 향해 돌을 던지는, 그 광인에게 깨어나지 않는 잠을 주세요. 그리고 꿈속에서 알아차리게 해주세요. 그건 자신이 팔을 뻗기만 해도 짐승들은 어느새 죽게 된다는 사실, 굳이 돌을 던지거나 힘을 모아 뜀박질을 하지 않아도 그가 한 방향을 향해 휘파람을 불거나, 손을 젓거나, 머리카락을 날리기만 해도 그 방향의 동물들 그러니까 고개를 숙여 풀을 뜯거나, 목을 들어 하늘을 보거나, 애정을 보내기 위해 몸을 뒤트는 동물들이 모든 동작을 멈추고 바닥에 쓰러지게 해주세요. 몸의 모든 구멍으로 피를 뿜어내면서 말이죠.

그의 잠은 깨어나지 않아야 해요. 그가 꿈속에서 괴로워 눈을 뜨려고 고함을 지르거나, 손뼉을 치거나, 볼을 꼬집어도 잠은 깨지지 않아야 합니다. 그의 손에 죽어갔던 동물들이 쌍을 지어, 예를 들어 야크, 공작새, 뿔닭, 토끼, 담비 등등이 그에게 달려들어 그가 잠에서 깨어나지 못하게 해야 합니다. 비록 잠이지만 창을 던지고 돌을 던지고 총을 쏘아 짐승들을 죽이려 하지만 그 짐승들은 죽지 않고 계속해서 나타나고 또 나타나 그를 괴롭히게 해주세요. 그가 어디로 도망가든, 그가 생명을 빼앗은 동물들의 영혼이 언제나 그를 따라다니게 해주세요. 그리고 그 고통의 여정은 티베트의 끝이라 불리는 침묵의 계곡에 떨어진 뒤에야 끝이 나게 해주세요.

침묵의 계곡, 거긴, 바닥에는 온몸이 트고 종기로 뒤덮인, 어떤 부위는 결절 모양으로 딱지가 지고 문드러지기도 한, 또 가장 꺼림칙한 어떤 동물의 시신이 이미 오래된, 물론 껍질이 벗겨진 채로 그래서 그 형체와 윤곽을 전혀 알아볼 수 없는 동물들이 가득하답니다. 그곳에서 그가 그 동물

들과 가슴과 입을 맞대고 영원히 붙어 있게 해주세요. 잠이 깨지 않은 채
로 말이죠.

아멘.

사냥에 중독된 사냥꾼과 헤어진 포레스트는 살윈강 상류로 이동한
다. 그리고 그곳에서 처음 보는 곤충들과 나비에 감탄하며 사랑스럽고
형태 없는 소리와 냄새에 빠진다.

이곳에 가득한 곤충들의 삶은 활기가 넘치면서도 어딘지 불편해 보였다.
불편할 정도로 다리가 긴 녀석들은 갑자기 내가 먹고 있던 수프에 빠지
기도 하고, 요란한 색상에 긴 털이 달린 애벌레는 내가 덮은 담요 위로 올
라오기도 했다. 무당벌레를 비롯한 딱정벌레에 속하는 곤충들이 나의 목
에 달라붙고, 처음 본 곤충들은 호기심에 가득 찬 몸짓으로 바지 속으로
기어들었다. 집게벌레로 보이는 그것의 소리는 지극한 슬픔을 넘어 폭력
으로 분출되는 통곡으로 들렸다. 가장 인상적인 건, 괴상한 벌레가 내 발
등에서 뛰고 있었는데 벼룩은 거기에 비하면 아무것도 아니었다. 놈은
높이뛰기를 대표하는 벌레의 우두머리 같았다.[32]

그날은, 탄생과 성장이 궁금한 나비 한 마리를 잡아 신중하게 자신
의 양철 채집통에 넣은 날이었다. 포레스트는 밤이 되자 바늘에 꽂힌 채
누워 있는 나비를 보며 감정하듯이 이리저리 돌려 보았다. 그리고 자신
이 직접 제작한 작업대 위에 나비를 올려놓았다. 바늘통, 작은 담요, 종
이띠, 핀셋, 가위, 벤진이 담긴 유리잔, 펜치, 그 밖에 성실한 채집가에게

어울릴 법한 다른 도구들이 가득 놓여 있었다. 그는 나비를 작업대 위에 조심스럽게 올려다 놓고 인내심 있게 바라보았다. 그러자 활짝 펼쳐진 신비스러운 날개들이 그를 빤히 바라보는 듯했다. 갈색과 회색 바탕에 칙칙한 가루를 뿌려놓은 듯한 많은 털, 수정 같은 혈관, 금속성 에나멜 광채를 내뿜는 강렬한 색상의 눈알. 그의 눈엔 나비의 날개만큼 아름다운 것은 없었다. 그는 나비의 날개를 보고 있으면 성기와 겨드랑이 밑에 털이 나서부터 빠져나간 순수한 영혼이 다시 돌아오는 느낌이 들었다. 그는 오랜 기간 지속되는 식물 관찰과 수집의 불안하고 초조하던 나날 중에도 순간적으로나마 어린 시절의 세상으로 돌아가는 그만의 시간을 간직해왔다. 그 세상은 모든 힘의 근원이 숨겨진 땅이자, 개인적으로는 늘 경건한 마음으로 들어설 수밖에 없던 세계였다. 그에게 천연색 광채와 황금빛으로 반짝거리는 꽃과 나비 곤충들을 찾아 나서는 시간과 관찰은 어린 시절의 감수성을 돋아나게 하는 순간들이었다.

나비에 대해, 난다는 것에 대해 생각한다. 눈이 멀거나 냉담한 성정이 아닌 다음에야 나비를 보면서 기쁨과 황홀한 몰입, 경탄의 숨결을 느끼지 않을 도리가 없을 것이다. 나비는 특별한 존재다. 고귀하고 찬란하면서 생명에 가장 중요한 마지막 상태. 나비는 먹고 나이 들기 위해 사는 존재가 아니다. 오직 사랑하고 새끼를 낳으려고 살아간다. 그러기 위해 비할 바 없이 화려한 옷을 차려입는다. 그 옷은 바로 몸보다 몇 배는 크고, 절단선과 색깔, 비늘과 솜털, 그리고 지극히 다채롭고 세밀한 언어 속에서 존재의 비밀을 표현하는 날개다. 날개는 오직 더 강렬하게 살고, 이성을 좀 더 강렬한 마법으로 유혹하며, 번식의 축제를 좀 더 찬란하게 거행

하기 위해 존재한다.[33]

포레스트는 나비에 관한 책을 항상 가지고 다녔으며 스케치북에 아름다운 나비의 날개를 그리기도 했다.

> 눈에 보이는 것은 표현이고 자연은 한결같이 그 자체로 그림이자 언어다. 나는 수정처럼 투명한 실핏줄이 어른거리고 가장자리 색깔 테와 절단면이 있고 다양한 글자와 기하학적 문양이 있으며 무한하고 감미롭고 신비로운 색의 전이와 농도의 변화가 있는, 그런 날개를 가진 나비에 감탄한다.[34]

나비와 곤충기를 써야 할 정도로 깊은 인상을 받았던 포레스트는 리창산맥 아래, 진한 안개의 뒤편에서 거인 같은 빙하를 생애 처음으로 만난다. 빙하는 포레스트가 어렸을 적부터 식물학자 이전에 마음을 사로잡았던 신화였다.[35] 아빠에게 물었던 적이 있었다.

포레스트 아빠, 빙하는 언제 녹아요?

아빠 알고 싶니?

포레스트 네.

아빠 빙하는 산이 우리를 위해 소중히 간직한, 지나간 겨울에 대한 기억이란다.

포레스트 지나간 겨울이요?

아빠 어떠한 특정 높이에 그 기억을 간직하고 있어서 지나간 어느 겨울에 대해 알고 싶으면 그 위로 올라가야 한다는 것이다.

포레스트 그 위로 올라가요?

아빠 여름이 되어도 겨울에 내린 눈이 완전히 녹지 않는 곳이야. 일부는 가을까지 녹지 않고 버텨서 이듬해 겨울에 내린 눈에 덮이기도 한단다. 그렇게 살아남는 거지.

포레스트 살아남아요?

아빠 그 아랫부분은 천천히 얼음으로 변해. 나무의 나이테처럼 늘어나는 빙하 층이 되는 거란다. 우리는 그것을 세어보면 몇 년이나 된 건지 알 수가 있지. 빙하는 단지 산 정상에 멈춰 있는 것이 아니라 움직여 다닌다는 거야. 언제나 아래로 미끄러져 내려오지.

포레스트 움직여요?

아빠 빙하는 무겁고 빙하를 지지하고 있는 암석은 미끄럽지. 그래서 아래로 내려오는 거야. 느리지만 쉼 없이 움직여. 빙하는 아주 뜨겁다고 느끼는 고도에 도달할 때까지 산을 타고 내려와.

포레스트 와, 신기해요.

꽃과 식물채집을 위해 일생을 바친 조지 포레스트는 유럽의 그 어떤 식물연구자보다 티베트의 꽃과 식물에 열정을 바친 사람이다. 그는 27년 동안, 그건 아마도 자신의 고국보다 더 오랜 기간 머물렀을 것으로 짐작되는데, 숨을 쉬기도 거북한 티베트고원에서 희귀한 식물을 찾아 헤매고 다녔다. 헌신에 가까운 그의 열정과 소신 덕분에 당시 유럽은 티베트의 꽃과 식물을 관람할 수 있었다. 하지만 기쁨과 환희의 결과물을 얻는 대신 그 또한 치욕스럽고 죽을 만큼 난처한 상황도 많이 겪었다. 1919년 윈난에서 영국으로 돌아온 포레스트는 가져온 식물과 꽃을 모두 자신의 스승인 밸푸어 교수에게 맡기고[36] 다시 중국으로 떠났다. 그는 다채로운 식물을 수집해왔지만, 진짜 세계로 나가 흔적을 남기고 싶은 욕망이 컸다. 다시 중국으로 건너간 그는 1932년 1월 5일 철쭉이 만발하고 매력적인 나비가 날아다니는 텅충에서 심장마비로 죽는다. 28년간 일곱 차례나 왕래했던 그곳, 그의 삶을 이루는 모든 작은 의식들과 기쁨이 온전히 남겨진 그곳에서 자신의 최후를 맞이한 것이다.

6. 환생자와 나눈 이야기

1907년, 여름. 라싸. 노브링카.

　그곳은 환생자의 여름 별장이었다. 세상과 격리되어 숲이 무성한 환경 속에서 멋지게 자리 잡고 있었다. 강하고 기운을 돋는 공기가 영양제처럼 느껴졌는데 포레스트는 처음부터 그 공기가 그에게 새로운 생기를 불어넣는다는 걸 느꼈다. 그는 산소부족으로 누렇게 뜬 안색이 회복하고 있음을 감지했고, 발걸음에는 활기가 돌아오고 있음을 느꼈다.

창밖으로 유채꽃이 보이는 방.

벽을 타고 올라가는 지네.

환생자 당신은 어떤 이유로 이곳으로 오게 되었나요?

포레스트 식물을 찾아 이곳까지 오게 되었습니다.

환생자 몸이 힘들었을 겁니다.

포레스트 저는 머리, 그러니까 두통이 심했습니다.

환생자 그랬을 겁니다. 이곳은 높죠. 구름이 바로 위에 있거든요.

포레스트 공기도 차갑게 느껴졌습니다.

환생자 그럼, 머리가 당신의 가장 소중하게 여기는 곳이라고 말할 수 있나요?

포레스트 당연합니다. 뇌는 우리 몸에서 가장 중요하다고 생각합니다.

환생자 그렇군요. 당신은 그렇게 생각하는군요.

포레스트 여기 머리통 안에 들어 있는 뇌의 무게를 알고 있나요?

환생자 모릅니다.

자신의 머리통을 가리키는 포레스트.

포레스트의 머리통을 쳐다보는 환생자.

포레스트 내가 속해 있는 나라의 과학자들, 그들의 설명에 따르면 뇌는 단지 1400~1600g 정도의 무게일 뿐이라고 합니다. 작은 덩어리에 불과하지요. 하지만 대단한 힘을 가지고 있습니다.

환생자 그게 뭘까요?

포레스트 내가 살던 나라에는 동물원이 있습니다. 사납거나 무서운 동물들을 잡아서 가두어놓는 집이죠.

환생자 동물들을 가두어둔다고요?

포레스트 위험하기 때문입니다.

환생자 그럼, 갇힌 동물들은 어떻게 지내죠?

포레스트 사람들이 던져주는 먹이를 받아먹거나 멍하니 앉아 있거나 권태롭게 잠을 잡니다. 한번은 내가 그들을 움직여보려고 바나나, 사과, 땅콩 등을 던지고 반응을 지켜본 적이 있습니다. 그래도 반응하지 않으면 고함을 지르기도 하고, 휘파람을 불어 그들의 심기를 건드리죠.

환생자 왜 그래야 하죠?

포레스트 재미있잖아요. 중요한 건, 우리는 독수리나 사자보다 빠른 다리나 강한 이빨을 가진 적이 없었다는 사실입니다. 타조를 앞지를 수 있는 날렵한 다리도 가지고 있지 않았습니다. 단지 걸을 수 있는 두 발과 작은 뇌만 가지고 있을 뿐이었죠. 그런데 오늘날 지구에서 우리 인간만이 가장 크거나 빠르거나 강한 동물들을 포획할 수 있습니다.

우쭐하는 포레스트.

침묵하는 환생자.

환생자 그게, 인간의 뇌, 덕분이라는 건가요?

포레스트 그럼요. 인간의 뇌는 대상을 관찰하고 쪼개고 분석하고 나열하고 정리하고 도구를 만들 수 있는 재능을 가지고 있습니다. 과거의 실수나 경험을 기억하고 미래도 예측할 수 있습니다. 인간이 빠르고 강한 동물들을 제압할 수 있는 이유입니다.

환생자 사람들은 동물들을 잡아서 연민을 가지고 기르기도 하지만 잡아먹기도 하죠. 총을 쏘거나 덫을 놓거나 불에 태우기도 하고 말이죠.

포레스트 인간에게도 육식은 필요합니다.

환생자 동물을 잡거나 그들의 평화를 건드려 재미를 느끼지 않아도 인간은 살 수 있습니다. 나는 동물에 대한 태도를 보면 그 사람이, 그 나라가 어떤 정도인지 가늠이 돼요. 당신들이 자랑하는 큰 배나, 총, 나침반, 망원경, 올가미, 덫이 아무리 훌륭해도 동물을 사냥하거나 잡아서 먹는다면 그건 인간만이 특별하다는 생각일 겁니다.

다음날 포레스트는 자신이 그린 지도 한 장과 산행 경로를 표시할 붉은 펜을 준비했다. 군용 배낭, 무릎까지 오는 벨벳 바지, 산악용 스웨터도 준비했다. 포레스트는 환생자가 말해준 얼음산을 찾아 나서기로 했다. 노브링카 뒷길로 반나절을 오르자 그늘지고 이슬이 촉촉하게 맺혀 있는 계곡이 나왔다. 계곡 오른쪽으로 오솔길이 보였다. 포레스트는 오솔길로 들어서기 전에 하늘을 올려다보았다. 머리 위에서 빙하가 햇빛에 반사되어 반짝거리고 있었다. 포레스트는 몇 가지 규칙을 떠올렸다. 그건 자신이 처음 가는 산이나 숲에서 하던 습관이었다. 첫 번째는 산을 오르기 시작하면 멈추지 않고 리듬을 계속 유지하는 것이고, 두 번째는 혼잣말이나 중얼거림, 욕이나 불평을 하지 않는 것이며, 세 번째는 갈림길이 나오면 항상 오르막길을 선택하는 것이다. 자주 숨을 고르고 물을 마시고 주변을 둘러보는 것은 괜찮지만 잠시 쉬어 가는 것이나 바닥에 눕는 것을 스스로 용납하지 않았다.

　포레스트는 말없이 다리와 폐, 심장의 리듬에 집중해서 숲길을 올라갔다. 사람을 닮은 사슴이 새끼들을 데리고 나타났다 사라졌고, 엄숙한 분위기를 자아내는 묘지도 보였다. 오후가 되자 산길은 완만해졌고 폐

허에 가까운 마을을 발견했다. 버려지다시피 한 곳으로 여겨졌다. 아무도 살지 않는, 추위와 궁핍을 견디기 어려운 곳으로 보였다. 이곳에서는 겨울을 자급자족하며 나기 어려워 보였다. 포레스트는 고개를 들어 얼음산을 찾아보았다. 웅장한 계곡에는 장애물이 없어 보였지만 얼음산은 보이지 않았다. 아버지의 말이 옳았는지도 모른다. 각자에게는 산에서 특별히 좋아하는 고도가 따로 있고 자신과 닮은 풍경과 장소가 따로 있다고 말이다. 포레스트가 좋아하는 것은, 전나무와 낙엽송이 무성한 해발 2000미터의 숲으로, 나무 아래는 블루베리와 향나무, 진달래가 자라고 노루가 숨어 있는 곳이다. 그런 곳이 자신과 잘 맞는 숲이라고 생각했다. 하지만 이곳은 아무것도 없었다. 사람이 살기 어려운 태초의 자연 공간 같았다.

늦은 오후가 되자 발걸음도 무겁고 입에서 헉헉거리는 소리가 스스로 나왔다. 피곤한데다 산소가 부족한 탓에 배속이 거북하고 현기증이 났다. 발걸음을 뗄 때마다 고통이 심해졌다. 고산병을 치료하는 유일한 방법은 하산하는 것이었지만 그럴 수는 없었다. 숨을 고르기 위해 잠시 멈추어 섰다. 구름은 아침의 온기로 부풀어 올랐고 그래서 구름이 곧 위쪽으로 올라가 사라질 것 같았다. 눈을 한 움큼 쥐어 핥아 먹어보았다. 코끝에서 꽁꽁 언 눈과 부싯돌 냄새가 났다. 속이 진정되는가 싶더니 위가 견디지 못하고 전날 먹은 것을 눈밭에 토해냈다. 그때였다. 나무 창을 쥐고 거의 벌거벗은 사람들이 눈앞에 나타났다.

세 명의 사람. 우리는 좀 떨어져서 침묵을 지키며 서로를 탐색했다. 서로를 보았을 때 그들이 내 눈에서 뭘 보는지는 잘 모르겠지만, 내 눈에는 가운데 사람이 수중에 먹거리로 보이는 어떤 덩어리를 쥐고 있었는데, 전혀 먹을 수 있을 거 같지 않았지만, 그는 그 덩어리를 잎사귀에 싸서 조금씩 떼어 입으로 가져가는 것이 보였다. 나는 눈에 힘을 주어 그의 입을 바라보았다. 그가 입으로 가져가는 양은 너무도 적어서 실제로 영양을 위해서라기보다는 단지 먹는 시늉을 하기 위해서 보여준 행동으로 보였다. 양 옆의 두 사람도 허기져 보였다. 만성적인 굶주림에 배고픔이라는 지독한 고통을 이유로 들어 나를 잡아먹으려 덤벼들어도 전혀 이상할 거 같지 않은 눈빛들이었다. 하지만 다행히도 그들은 행동의 결과를 미리 저울질할 만한 지적 능력은 없어 보였다. 나는 인간의 비밀스러운 속성 중의 하나가, 예기치 않은 순간에 힘을 발휘하는 어떤 자제력이라는 것을 생각하며, 그들과의 거리를 유지한 채 가만히 있었다. 움직이지 않는 게 좋겠다는 생각이 들었다.

다음날 아침. 포레스트는 눈을 뜨자마자 환생자에게로 갔다. 묻고 싶은 것이 있었다. 개울물에서 물장구를 치며 소란스럽고, 나무에서 열매를 따며 소리를 지르고, 엄마의 품에 안겨 응석을 부릴 나이였지만 환생자는 교양 있고 의젓해 보였다. 몸짓은 조용하며 목소리는 울림이 있었다.

> 뜨거운 물.
> 두 개의 떡.

포레스트 환생자여, 이곳의 사원과 사람들을 보며 종교란 무엇일까, 생각해보았습니다.

환생자 당신이 보기에 어떤가요?

포레스트 그건 실체감이 없는 유령이라는 생각이 들었습니다.

환생자 계속 말씀해주세요.

포레스트 그건, 어쩌면 사람을 혼란스럽게도 하고 계몽하기도 하고 가장 고양된 것처럼 보이기도 하지만, 사실은 우스꽝스러운 면모가 있습니다.

환생자 당신은 개를 키워본 적 있나요?

포레스트 그럼요.

환생자 개가 죽었을 때 어땠나요?

포레스트 울었습니다.

환생자 왜 울었을까요?

포레스트 슬펐기 때문입니다.

환생자 그건 아마도 그 개가 당신의 삶에 의미와 재미를 주었기 때문일 겁니다.

포레스트 그럴지도요.

개의 귀를 떠올리는 포레스트.

환생자 우리가 여기서 믿는 것도 마찬가지입니다. 그 대상이 동물이든, 태양이나 달이든, 호수나 바위일지라도 그것이 우리의 삶을 끌어주고 의미와 신념을 준다면 믿을 수 있다고 봅니다. 안 보이이거나 움직이지 않으면 어때요? 나의 하루를 이끌어주면 되죠. 당신에게는 식물 찾기가 그렇지 않나요?

포레스트 맞습니다. 식물은 나에게 절대적인 존재죠. 하지만 당신들이 굳게 믿는 그것은 눈에 보이지 않아요. 풀 위를 천천히 지나가는 그림자조차도 보이지 않죠. 그걸 어떻게 믿죠?

환생자 당신들은 보이면 믿지만 나와 여기 사람들은 믿으면 보인다고 생각해요. 그리고 중요한 건 구체적으로 손에 잡히거나 눈에 들어오는 것이 아니라 보이지 않더라도 나의 삶을 끌고 가거나 나를 변화시키면 그건 눈에 보이지 않더라도, 만질 수 없더라도, 맛을 볼 수 없더라도, 괜찮다고 생각합니다. 당신은 왜, 꽃과 식물을 채집하죠? 모으는 게 무엇이 좋은가요?

포레스트 그건 단순하면서 복잡한 문제입니다. 개인적인 호기심이기도 하고 관상용이나 의료용으로도 필요하기 때문입니다.

환생자 그럴려면 베어야 하고, 잘라야 하고, 썰기도 하고, 표본도 만들어야 하고 심지어 박제도 하지 않나요?

포레스트 그렇기도 합니다.

환생자 그렇군요. 그럼, 당신은 무엇을 위해 살죠?

포레스트 간단합니다. 그건 저의 기분과 나라의 경제를 위해서죠.

아이가 아이답지 않게, 철학자 흉내를 내며, 정말로 환생한 사람처럼, 근엄하고 엄숙하게 말하는 바람에 포레스트는 고개를 끄덕이며 나왔지만 사실 그는, 환생자의 말을 전혀 이해하지 못했다. 새벽이 될 때까지 포레스트는 "인간의 감정과 기분은 어디에서 올까요"라는 환생자의 질문을 곱씹어 보고 있었다. 새벽이 되자, 포레스트는 외로운 습관인 독서와 메모에서 위안을 얻고 싶었다. 그런 사소한 행동은 포레스트에게 안식처가 되어주었고 조용한 내면의 피난처로 들어가는 평온한 습관이었다. 전기가 공급되지 않는 그래서 밝은 빛이라는 형태는 낮에만 존재하는 이곳에서 포레스트는 무언가를 읽는다는 고상함의 형태를 포기하고 대신 무언가를 적으며 읽는다는 것을 대신하고 싶었다. 그러는 사이 고상함에서 누추함으로, 읽는다는 것에서 쓴다는 노동으로의 전환을 생각하는 사이, 그 사이의 순간에 헤어지기 전 환생자가 말해준 짧은 이야기가 떠올랐다. 포레스트는 그 순간에 그러니까 환생자가 말해준 이야기가 떠오르고 다음 순간으로 이어지는 찰나의 틈에 또 다른 허튼 생각이 또 올라와 그 이전의 생각을 덮기 전에, 얼른 그 이전의 생각을 놓치지 않으려고 손을 오므렸다.

헤어지기 전, 잠시 서서,

이야기를 나누는 둘.

환생자 당신이 뇌가 무엇보다 중요하다고 했을 때 엄마가 생각났어요.

포레스트 엄마요?

환생자 네. 엄마요.

포레스트 왜죠?

환생자 인류의 기술이 아무리 발전해도, 과학이 진보해도, 우리가 아무리 대단해도, 그곳, 그러니까 인간의 몸은 변하지 않아요.

포레스트 몸이요?

환생자 몸속의 뼈, 피, 간, 쓸개, 근육, 심장 말이에요.

포레스트 그건, 그렇죠.

환생자 난, 어렸을 적, 이곳으로 오기 전, 밤에 깨어나 혼자 운 경우가 많았어요.

포레스트 아파서요?

환생자 모르겠어요. 뭔가 불편했겠죠. 그냥 일어나 앉아 울고 있거나 멍하니 깨어 있으면 엄마가 물었죠.

포레스트 뭐라고요?

환생자 우리 아기, 어디 아프니?

포레스트 엄마가요?

환생자 네. 엄마는 나를 끌어안고 배꼽 위를 쓰다듬어 주었어요.

포레스트 배꼽이요?

환생자 네. 머리가 아닌 배요. 엄마의 손으로 배꼽 주위를 원을 그리면서 문질러주었죠.

포레스트 왜요?

환생자 모르겠어요. 손으로 내 어깨를 토닥이고 등도 쓸어주었어요.

포레스트 등이요?

환생자 신기한 건, 그렇게 하면 몸이 편안해지고 잠이 잘 왔어요. 정말입니다. 그때마다 나는 다시 편안히 잠들었어요.

포레스트 신기하네요.

환생자 속이 매스껍고 괴로울 겁니다. 여기는 높으니까요. 누워서 손으로 배를 따뜻하게 감싸보세요. 그리고…

포레스트 그리고요?

환생자 엄마를 생각해보세요. 엄마의 목소리와 손을 떠올려 보세요.

포레스트는 누워서 두 팔을 머리 뒤에 놓고 천장을 바라본다. 혀를 내밀어 공기의 맛을 본다. 얼얼하다. 몸속에서 돌고 있는 피는 묽어진 듯했고 공기의 밀도는 너무 높아 숨이 막혔다. 포레스트는 두 손을 배 위에 포개 얹는다. 엄마를 생각한다. 엄마의 목소리와 손을 떠올린다.

사람을 닮은 나비를 발견한 포레스트. 나비를 쫓아 뛰어간다. 빙하 아래서 한 아이를 목격한다.

    포레스트 애야, 뭘 하고 있니?

    아이 (대답하지 않는다.)

    포레스트 애야, 춥지 않니?

    아이 (움직이지 않는다.)

        포레스트, 다가간다.

        휘어진 등.

        어깨가 들썩인다.

        우는 것 같다.

3

하인리히 하러
Heinrich Harrer, 1912~2006

티베트의 구름에는 야크가 산다.

1. 상상과 동경

인류 역사상 최초로 티베트에 대한 기록을 남긴 사람은 헤로도토스 (기원전 484년경~기원전 425년경)로 전해진다. 그는 기원전 440년경에 쓴 《역사》에서 인더스강 상류의 한 지역에는 금을 찾는 개미들이 산다고 썼다.

> 이 사막과 모래 속에는 개보다 작지만, 여우보다 큰 개미들이 산다. 이 개미들은 온종일 땅을 파고 흙을 밖으로 던져낸다. 파낸 흙에는 금이 섞여 있다. 인도인들은 이 금을 노리고 사막에 간다. 모래가 언덕을 이룬 지역에 도착하면, 그들은 있는 힘껏 서둘러 가죽 부대에 모래를 채운 다음 낙타를 타고 급하게 도망간다. 왜냐하면 개미들이 금방 눈치 채고 쫓아오기 때문이다.[1]

훗날, 금을 찾는 개미들은 티베트고원에서 '야차쿰바'라는 버섯을 캐는 유목민으로 전해진다. 그리고 그것에 관한 소문은 초원 아래 광물이 숨어 있는 마을, 언덕에 황금 지붕을 갖춘 사원, 노란 모자에 붉은 치마를 입은 수행승 그리고 평화로운 인간의 표정을 닮은 설산에 대한 신화와 전설로 이어지며 마침내 사람들은 그곳을 이상향, 낙원, 샹그릴라, 유토피아 등으로 부르기 시작했다.

토머스 모어(1478~1535)의 《유토피아》(1516)와 도연명(365~427)의 《도화원기》²는 사람들이 동경하고 원하던 이상향의 세상을 구조화했다는 점에서 티베트를 상상하게 만든다. 전자는 500년 전 공유사회의 개념을 제시했다는 점에서, 후자는 특정한 공간에서 늙지 않는 사람들이 가축과 더불어 안락하게 사는 모습을 그려냈다는 점에서 처지가 불행하다고 느끼는 사람들의 동경을 사기에 충분했다.³ 400년 후 제임스 힐튼(1900~1954)의 소설 《잃어버린 지평선Lost Horizon》(1933)은 좀 더 구체적인 낙원의 형태를 제시한다.

나(영국 외교관 콘웨이)는 전쟁 중에 신변의 위험을 피해 비행기로 탈출하다 히말라야 아래 불시착했다. 믿을 수 없지만, 나는 마침 그곳을 지나치던 설인雪人들에게 발견되어 구조되었다. 그리고 외부와 봉쇄된 동굴에서 살고 있던 사람들을 만나게 되었는데 그들은 보통 나이가 200세를 넘기고 있었으며 채식을 하고 있었고 밝은 안색을 하고 있었다. 그곳에서는 아이와 노인의 구별이 없었고 경쟁하는 얼굴보다 금욕적인 인상을 하고 있었다. 길고 넓은 동굴 속에서 그들은 종일 다정한 얼굴로 이야기를 나누었으며 평화롭게 산책을 즐겼다. 그들은 호수와 바위, 새와 구름, 벌레와 곤충을 이야기했는데 지루해 보이지 않았다.⁴

그의 소설을 읽은 사람들은 그저 허무맹랑한 한 편의 소설일 뿐이라고, 아마도 작가의 기질적 충동 때문일 거라고 폄하하지 않았고 오히려 어딘가에 그런 공간이 정말 존재할 거라고 수군거렸다. 사람들의 상상은 동경으로 이어졌고 동경은 꾸며낸 이야기로 퍼져나갔다.

2. 전해진 이야기

설산 아래 붉은 땅.

지나가는 여행자.

여행자 이곳은 어디인가요?

농부 모르오.

여행자 그럼, 당신은 누구인가요?

농부 모르오.

여행자 이곳은 낙원인가요?

농부 낙원이 뭐요?

여행자 근심 걱정 없는 공간입니다.

농부 근심이나 걱정이 무엇인지 모르오.

여행자에게 다가오라고 손짓하는 농부.

다가서는 여행자.

농부 다만, 여긴 이런 곳이요. 숲과 나무가 있고, 부드러운 붉은 땅이 있고, 과일과 채소가 부족함이 없고, 개와 돼지가 우애 있는, 그러므로 경쟁과 다툼이 필요 없는, 고통과 아픔이라는 감정이 생기지 않는, 그렇지만 사람들은 그것을 자랑으로 여기지 않는 세상이오. 당신들이 걱정하는 전쟁, 기근, 가뭄, 홍수, 전염병, 메뚜기 떼의 출현, 쥐들의 움직임, 회오리의 강타 등이 없소. 시간의 흐름이나 몸의 쇠락을 염려하지 않아도 되는 곳이오. 보면 알겠지만 보들보들한 공기로 가득 차 있고, 온화한 계절과 동물의 소리가 울리는 곳이고, 폭포는 우아하게 떨어지고, 그곳에서 세상의 모든 물이 흘러나오는 곳이오. 또한 이곳은 마음과 직관을 존중하는 곳이고 헛소리나 지껄이며 자기가 아는 이상으로 과시하고 뽐내는 것이 아니라 조용하게 타인을 인정해주는 곳이오. 과도한 벌이 집행되는 곳이 아니고 개인의 자유와 주장을 지지해주는 곳이오. 그래서 온종일 우쭐대는 뿔닭을 쫓아 산책만 해도 기분이 좋아지고 무엇보다 이곳에서 사는 사람들의 피부나 얼굴은 누구나 아이 같다고 할 수 있소. 안 믿어지겠지만 이곳에서 머무르다 보면 정신이 말랑말랑해지는 느낌이 들거요. 또 팔과 다리도 경쾌하게 허공을 가로지르는 기분이 들것이고, 화나 분노가 없어질 게요.

여행자 믿을 수 없습니다.

농부 살아보시오.

여행자는 그곳에서 며칠 묵기로 한다. 그 농부의 말이 사실인지 알고 싶었다.

내가 여러 날을 그들과 함께 지내보니 알게 되었다. 그들의 피부는 근육이나 뼈처럼 거칠고 단단했고, 머리카락과 치아는 튼튼하고, 손바닥과 발바닥은 곰의 그것과 비슷했다. 그들의 몸은 갑옷처럼 단단하고 강렬한 태양도 뚫지 못할 정도였다. 겉으로 보기에 그들은 강인하고 건강해 보였다. 하지만 그들은 먹는 양은 많지 않아서 몸속에 공간이 많아 보였다. 그래서인지 그들이 보고 듣는 것은 모두 몸 안에서 종소리처럼 여기저기를 움직이며 메아리치는 듯했다. 무엇보다도 그들은 기억력이 좋았다. 한 번 보고 들은 것은 좀처럼 잊지 않았다. 그들은 자신들이 지내온 거의 모든 관계들을, 모든 음식의 맛을, 모든 동물과 식물 심지어 지렁이의 냄새까지도 기억했다. 내가 물었더니 억지로 하는 것은 아니라고 대답했다. 그들은 넓은 초원에서 홀로 지내도 우울하거나 심란해하지 않는다고 했다. 말이 없는 호수, 바위, 바람, 구름, 흙, 공기, 구름을 친구로 대하기 때문이라고 했다. 그들은 방향을 알 수 없는 초원이나 광야에서도 이정표 따위를 필요로 하지 않는다고 했다. 왜냐하면 그들은 무언가가 시작되고 끝나는 것들에 관심이 없기 때문이라고 했다.

여행자 당신들은 밖의 세상에 대해 알고 있나요?

설인 A 모르오. 알 필요가 없기 때문이오.

여행자 그럼, 이곳에서 중요한 것은 무언인가요?

설인 B 시간이오.

여행자 시간이요?

설인 C 그렇소. 이곳에서는 시간의 흐름으로 인한 몸의 변화가 없소. 몸과 육체에 대한 질병이 없소. 그래서 몸에 대한 욕망이 생기지 않는 곳이오. 몸이 얼마나 소중하며 동시에 불완전한 덩어리인지 당신도 잘 알 것이오. 밖에서는 시간이 지나면 몸의 노화와 죽음이 기다리고 있지만,

이곳에서는 영원하오. 뚱뚱한 몸, 젊은 몸, 나이 들어 축 처진 몸, 아무런 상관이 없소. 그 사람이 얼마나 똑똑하건, 바보건 중요하지 않소. 이곳에서는 몸과 물질이 아무런 영향력을 발휘하지 못하오. 이곳에서는 두려움과 열망도 생기지 않소. 결핍과 부족이 없기 때문이오. 이곳에서는 감정과 공감만이 소중하오. 음악이나 춤, 노래나 포옹 말이오. 말이나 경험 없이도 이해될 수 있는, 표정만으로도 알 수 있는 그런 것들 말이오. 이곳에서는 재능이나 노력이 발휘되지 않소. 창작과 희열에 대한 욕구가 생기지 않기 때문이오. 하지만 그게 없다고 우리는 일상이 비극이라고 생각하지 않소. 죄책감이나 모욕감이 드는 관계가 아니기 때문이오. 오직 공감과 연민의 감정만이 있을 뿐이오. 타인을 자신처럼 바라보는 마음이 중요하오. 이곳에서 사는 사람들은 타인에게 일어나는 모든 일은 그것이 무엇이든 나에게도 일어날 수 있다고 믿소. 그래서 우리는 동물이나 식물과도 경계를 두지 않소. 이것이 이곳에서 우리가 살아가는 방식이오. 우리는 무언가를 사냥하거나 평가하지도 않소. 사육하거나 도축하지도 않소. 모두가 평등하기 때문이오.

여행자는 그곳에 정착하기로 한다. 확인하고 싶은 것이 있었다. 빵처럼 부풀어 오른 땅의 냄새를 맡고 있던 날이었다. 저만치서 황급히 뛰어가는 남자가 보였다. 그는 헝클어진 머리에 맨발로 뛰어가고 있었다.

여행자 거, 어디로 가는 길이요?
남자 도망가는 중이요.

여행자 왜요?

남자 양 두 마리를 훔쳤기 때문이요.

여행자 어디서요?

남자 저기요.

그가 가리키는 방향을 보니 그곳은 자신이 묵던 마을이었다.

의구심이 드는 여행자.

여행자 왜 훔쳤나요?

남자 배가 고파서요.

여행자 잡히면 어떻게 되오?

남자 저기, 저기, 붉은 지붕이 보이오?

여행자 거긴, 라마들이 사는 곳이 아니오?

남자 그렇소. 저곳으로 끌려간다오.

여행자 저긴 수행을 하는 곳 아니오?

남자 그렇소.

여행자 왜 거기로 끌려가오?

남자 그곳은 벌을 주는 곳이기도 하오.

여행자 어떤 벌이요?

남자 혀가 뽑히기도 하고, 다리 한쪽이 잘리기도 하오.

여행자 정말이오?

남자 그렇소.

여행자 농부와 설인은 이곳에는 죄와 벌이 없다고 했소.

남자 거짓말이오. 살다보면 알게 되오.

3. 하인리히 하러

절벽 아래에서 위를 올려다보며 내게 자문해.

저길 어떻게 오를까?

왜 오르려는 걸까?

하지만 몇 시간 후 정상에 서서 내려다보면

모든 걸 잊게 돼.

아이거 북벽을 공격하라. 다소 강령적인 주제 의식을 전면에 내세운 영화 〈노스 페이스〉(2010)는 이와 같은 문구로 시작된다. 영화의 첫 장면은 독일 비행사 에른스트 우데트(1896~1941)가 빙벽 20미터 이내로 접근해 실종된 뮌헨의 등반가 막스 세들마이어와 칼 메링거를 찾는 장면으로 시작한다. 당시 독일이 관심을 둔 곳은 낭가파르바트(8126미터)였다. 서유럽에서 가장 접근성이 좋은 위치였고, 무엇보다도 히틀러 집권 이전의 독일원정대가 2차에 걸친 등정 실패로 자존심을 구긴 사례가 있었기 때문이었다. 히틀러는 누구보다 이 산을 정복하여 나치 정권과 게르만 민족의 우월성을 과시하고 싶었다. 1937년 6월 히틀러의 특별 지원을 받은 등반대가 낭가파르바트 3차 도전에 나섰다. 그러나 6200미터 지점에서 거대한 눈사태를 만나 순식간에 설산에 묻혔다. 이듬해 4차

아이거 북벽에 도전한 하인리히 하러와 친구들.

원정대가 도전했으나 악천후 때문에 또 실패한다. 1938년 7월 24일, 오스트리아 출신의 하인리히 하러(1912~2006)는 아이거 북벽(3970미터)[5] 등반에 성공한다.[6] 산악에 목숨을 바칠 정도로 히말라야를 애착하는 남자들 사이에선 하러의 등반 성공이 화제였고 소문은 이어졌다. 하러는 그 소문 덕분에 누구보다 먼저 정복을 욕망하는 취향을 가진 모험가라는 명성을 얻게 되었다. 명성과 부러움은 하러의 자산이 되었다.

1939년 독일은 다시 한 번 낭가파르바트에 도전한다. 이때 산을 정복하는 것이 자신을 행복하게 하는 일이라고 여겼던 하러는 세 명의 친구와 함께 나선다. 프리츠 카스파레크(1910~1954), 안데르 헤크마이어(1906~2005), 루트비히 뵈르그(1911~1941)가 그들이다. 태어날 때부터 스스로가 원한 희망은 거의 누려온 하러였지만 결코 가질 수 없었던 몇 개의 소망 중의 하나는 산악 등반으로 인한 영웅적 부상이었다. 아이거 북벽 도전에 성공하여 한껏 고무된 하러는 더 큰 만족과 성취감을 위해 '산의 왕'이라 불리는 낭가파르바트에 도전한다. 히말라야산맥 서쪽 끝에 있는 낭가파르바트는 히말라야 14좌 가운데 아홉 번째로 높은 봉우리이며 파키스탄 북동부와 인도 접경 지역에 존재하는 악명 높은 산이었다. 1895년 영국에서 첫 시도를 한 이후로 31명이 목숨을 잃고도 등반하지 못한 죽음의 산으로 알려진 낭가파르바트는 1932년부터 독일이 정복을 시도했지만 다섯 차례 모두 실패했다.

초반 순탄했던 하러와 친구들은 정상 근처에서 멈춰야만 했다. 거대한 산사태를 만났으며 수직 절벽에 가까운 험난한 루트 때문에 더 이상의 등반은 무모하다고 여겨졌기 때문이었다. 하러가 산에 있는 사이 지상에서는 독일이 폴란드를 침공하여 2차 세계대전이 발생했다. 영문도 모른 채 산에서 내려오던 하러는 심문에 걸려 인도 데라둔Dehra Dun의 포로수용소로 끌려간다. 하산 지역이 영국령 인도 땅이었기 때문이었다. 그는 감옥 안에서 잠을 잘 수 없어 작은 방을 빙빙 돌며 밤을 보냈고 울분과 분노가 뒤섞인 피로에 정신이 마비될 지경이었다. 감금의 시간이 길어지자 그는 탈출을 시도한다. 네 번의 실패 끝에 성공한다. 하러는 두 손을 들고 기뻐했지만, 세상은 여전히 전쟁 중이었고 어디로 가야 할지 몰랐다. 인내력과 도전이 그의 기질이었지만 전쟁 중인 세상에서 그가 갈 곳은 마땅치 않았다. 수개월을 방황하던 어느 날, 하러는 붉은 돌담으로 에워싼 낯선 마을로 들어선다.

멀리 설산이 보이는 마을. 난 여기가 정확히 어디인지 몰랐고 방향 감각도 없었다. 확실한 건, 숨이 차고 배가 고프다는 것이다. 강인하고 사나워 보이는 개들이 나를 보고 짖어댔다. 나는 이런 개를 처음 보았다. 사람을 찾아 은밀한 이야기를 하고 싶었지만, 개가 침을 흘리며 나를 쳐다보고 있었기 때문에 그럴 수 없었다.[7]

소년 같은 용모와 금발의 소유자로서 성공한 산악이었지만 시간이 지날수록 코 껍질이 벗겨지고, 푸른 눈이 부어오르자 하러는 누구나 고원에서 겪는 고통을 경험한다. 두통에 식욕부진, 현기증에 무력감, 몇 발자국 걷지 않아도 괴로워하며 숨을 골라야 했다. 배와 팔등이 간지러웠고 그래서 긁으면 피부가 벗겨지고 진액이 흘러나왔다. 수척하고 멍한 모습이 수개월 동안 이어졌다.

네랑이라고 불리는 마을. 사람들은 양들과 함께 풀을 찾아다니다가 돌아오는 길이라고 했다. 그들이 준 참파(보릿가루를 우유나 차에 반죽해서 먹는 음식)와 버터 차를 먹었다. 하지만 내 위장은 처음 먹어보는 음식을 거부했다. 구토가 멈추지 않았다.[8]

산악인, 하러. 그에게는 산을 타는 자신만의 방식이 있었다. 그는 일단 산을 타기 시작하면 사색에 잠기는 일이 없고 대담하고 억척스럽게 올라갔다. 체력을 안배하며 누군가와 경쟁하듯 산을 오르고, 오솔길이 보인다 싶으면 가파른 비탈길로 가로질러 갔다. 스스로에게 배가 고프다거나 힘들고 춥다고 징징대는 것은 용납되지 않았다. 짙은 안개 속에서 노래를 부르거나 산 정상을 바라보며 온몸으로 고함치는 것은 좋아했다. 그런 하러였지만, 목적지가 없는 길을 걷는 것은 두려웠다. 자신이 어디로 가는지, 얼마나 더 가야 하는지, 무엇을 만날 수 있는지 예측할 수 없는 길은 지루했다.

1945년 가을, 하러는 처음 보는 붉은 땅을 밟았다. 그곳에는 덤불숲에 묻힌 큰 나무들이 있었는데 동체는 고결하게 보였다. 그것들은 자신이 살던 나라에서 볼 수 있는 나무들보다 훨씬 크고 넓어 보였다. 하러는 그 나무들 뒤로 보이는 언덕에서 사람들을 발견했다. 여인들이 자신들의 집에서 생산한 것으로 보이는 이런저런 물건들이 담긴 큰 광주리를 이고 어디론가 가는 모습을 본 것이다. 하러가 그쪽으로 뛰어가자 여인의 치마를 잡고 뒤따라가던 아이가 눈동자를 껌뻑이며 서서 손을 흔들어주었다. 하러 역시 그 아이에게 손을 흔들어주다가 내친김에 그 아이를 붙잡고 가는 여인들을 따라가 보기로 했다.

반나절을 걸은 후에야 흙담으로 둘러싸인 마을 입구에 도착했다. 여인과 아이들이 웅성거리는 소리가 들렸다. 처음 보는 여인들이 맨발로 마중하듯 달려 나오는 것이 보였다. 부동자세로 서 있다가 뒤따라 나온 할아버지와 인사를 나누고 하러는 잠시 뒤 마을 마당에서 동물 가죽으로 옷을 만들어 걸친 혈기 왕성해 보이는 청년들이 자신을 향해 나팔 부는 광경에 어리둥절했다.

그들은 노래를 부르는 것인지 아니면 야성적인 고함을 지르는 것인지 목청을 돋우더니 뒤이어 흰 천을, 그들은 그것을 '하타'라고 불렀는데, 하러의 목에 친절하게 걸어주었다. 하러가 감사의 몸짓을 하자 갑자기 소란스럽게 땅을 두드려대는 아이들이 나타나 춤을 추기 시작했다.

또 어디선가 털이 온몸을 뒤덮은 개들이 뛰쳐나와 정신없이 뛰면서 하러 주위를 맴돌았다. 하러가 보기에 그 마을을 통과하려면 그런 의식을 받아야 하는 것 같았다.

마을은 걷기에 좋았고 단조로운 풍경이 마음에 들었다. 무엇보다 주변 숲의 나무들은 크기가 대단했다. 어떤 나무들은 어마어마하게 넓은 밑동을 가지고 있었는데 다가가서 안아보면 그 큰 나무들은 마치 유럽 여인들의 드레스 주름 같았으며 마치 어디론가 행진을 준비하는 군인 같기도 했다. 하러는 매일 그 숲으로 들어가 나무와 나무 사이의 거리, 땅과 하늘의 간격, 심지어 바닥에 흩어진 돌멩이와 다음 돌멩이 사이의 거리를 측정하며 걸었다. 때로는 저녁 어스름이 잠긴 사물들이 흡족할 만한 모양으로 정렬해 있는 형체를 바라보며 자신이 그 중심에 안전하고 전능하게 서 있음을 발견할 때면, 아늑함과 함께 어떤 뿌듯함을 느끼기도 했다. 자신만의 색을 자랑하는 나뭇잎과 들판, 질주하는 짐승들도 보았다.

자정이 조금 지난 무렵이었을 것이다. 나는 정말로 바라지 않던 손님을 만나야 했다. 더위를 피해 한밤에 산책하던 중 나를 향해 뒷발로 일어서서 으르렁거리는 거대한 곰을 만났다. 나는 한 걸음씩 뒤로 천천히 물러섰다. 곰에게서 눈을 떼지 않기 위해서였다. 다행히 무사했지만 꿈이 아닌가 생각될 정도로 어이가 없었다.[9]

다음날, 하러는 마을에서 수염이 제일 긴 할아버지를 찾아갔다.

하러 어젯밤, 곰을 만났지 뭐예요.

할아버지 곰요?

하러 예. 곰이요. 곰이 뒷발을 세우고 나를 향해 침을 흘리더라고요.

할아버지 곰은 낮에는 공격적이지만 밤에는 겁이 많아요.

옥수수를 내놓는 할아버지.

창문에 손을 걸고 들여다보는 아이들.

할아버지 당신은 어디로 가는 길이오?

하러 목적지는 없습니다. 길을 잃어버렸습니다.

할아버지 정말이오?

하러 네.

할아버지 동쪽으로 100일을 가시오.

하러 그렇게 멀리요?

할아버지 도시가 나올 거요.

하러 그 먼 곳에 도시가요?

할아버지 라싸요.

하러 그곳에는 무엇이 있을까요?

할아버지 태초의 소리와 냄새가 있을게요.

하러는 마을을 떠날 때, 할아버지에게 무게를 다는 법을 가르쳐주었다. 그들은 물건의 부피밖에 모르는 거 같았고 그래서 그들은 과일이나 열매를 몇 바구니인가로 셈을 하는 것밖에 모르는 것 같았기 때문이다.

그래서 누군가 이들에게 마음만 먹으면 가볍게 무게를 속일 수 있다는 생각이 들었다. 이런 한적한 곳에 몇 안 되는 사람들이 모여 살아도 분쟁이나 마찰은 늘 있기 때문이며 특히 외부인의 개입은 이곳을 쑥대밭으로 만들기에 부족함이 없다는 생각이 들었기 때문이다.

4. 고원

끈기와 낙관주의가 하러 성품의 바탕이었지만 거의 이 년 동안, 처음 보는 산맥과 구름, 초원과 황무지를 걸어 온 하러는 결국 분노를 느끼기 시작했다. 대체 여긴 어디고, 나는 어디로 가는 것인가. 시간이 지날수록 체념보다는 화가 났다. 굶주림과 가차 없는 광증에 허약해진 그는 도저히 참을 수 없는 겨울이 오자, 환청을 들릴 정도로 몸이 쇠약해졌다.

환청.

이것 봐, 내가 그랬잖아.
무작정 걷는 것은 위험해.
갑자기 번개가 올지도 몰라.
굶주린 여우를 만날지도 모르지.

계속되는 환청.

하지만, 괜찮아.

좋은 여행이란,

스스로 단절을 자처하는 것이니까.

고독의 투명성을 유지하는 것이니까.

집에 돌아갈 생각을 하지 않는 것이니까.

연락 두절의 상태로 배회하는 것이니까.

사람들이 당신이 어디에 있는지,

그러니까 사람들이 당신과 어떻게 접촉할 수 있는지

모른다는 것은 단연코 좋은 일이야.

어쩌면 그게 무작정 걷는 것의 목적일 수가 있는 거야.

끝나지 않는 환청.

이것 봐, 내가 그랬잖아.

낯선 장소는 너 같은 이방인을

유혹하고 차버리고 조롱한다고,

하지만 끝을 알 수 없는 여행에서

중요한 것은 홀로 도착하는 것이라고,

불이 훤한 중심지 대신에 뒷문으로 들어가는 것이라고,

그건 무계획적으로

우연히 다른 행성을 방문하는 것과도 같으며,

엄숙한 발견의 순간이 될 수 있다고,

혼자, 홀로, 외롭고, 고독하게

그건 성공의 증거와도 같다고,

이 고독한 조건에 도달하기 위해서는

매일 멀리 걷는 것이라고,

그런 여정은 홀로여야 하고 또 그래야 홀가분하다고,

그게 바로 멋진 여행의 조건이지.

하늘은 계절과 상관없이 일정하게 흰색인 줄 알았는데, 새들이 날아
간 자리에는 홈이 파인다는 사실을 안 1945년 겨울. 하러는 할아버지가
알려준 허공에 떠 있는 도시, 라싸로 들어가는 길목에서, 돌 더미가 탑
처럼 세워진 그곳에서 처음 보는 문자를 본다. 문양처럼 써진 글씨를.

ༀ་མ་ཎི་པ་དྨེ་ཧཱུྃ

하러가 그곳에서 한참을 기다리자 지나가는 사람들이 나타났다.[10]

지나가는 사람 A 저건, 티베트어입니다.

지나가는 사람 B 글자가 아니고 소리요.

하러 소리요?

지나가는 사람 C 몸에 균형과 기운을 주지요.

하러 이곳은 어디인가요?

지나가는 사람 D 창촉 고개 정상이오. 높이는 알 수 없소.

그들은 돌탑에 허리를 굽혀 인사를 하고 무어라 중얼거리더니 고개

를 넘어 사라졌다. 하러는 그 모습이 인상적이었다. 하러 또한 돌탑에 고개를 숙이고, 자신의 소망을 빌고, 돌에 새겨진 문양에 손을 얹었다. 그림처럼 써진 글씨는 길지 않았으며 하늘을 향해 소망을 비는 듯한 느낌을 주었다.

하러의 어린 시절, 유모와 가정교사는 그가 모범적인 아이라고 말해주었고, 과외 교사들도 그 점을 확인해주었다. 이 아이처럼 태도와 지능, 순종적인 성품이 조화롭게 결합되어 있는 아이는 없다고 했다. 그의 유일한 결점은 다른 아이들과 어울리기를 꺼려하는 성향이었다. 하지만 그의 부모들은 자신들의 아들이 자주적인 남자가 되어가고 있을 뿐이라고 말하며 그를 걱정하던 이웃들의 염려를 일축해버렸다. 어린 시절 하러는 스키와 등산만을 생각하며 기숙학교에 입학했다. 첫 학기에는 매일같이 벌어지는 사소하지만 괴롭힘의 대상이 되었다. 하지만 시간이 지나자, 같은 반 아이들은 괴롭혀도 별다른 반응을 보이지 않는 그를 만족스럽지 않은 희생양이라 생각했는지 가만히 내버려두었다.

창촉이라고 써진 푯말을 자신의 메모장에 적고 고개를 내려 온 하러는 '카사풀링'이라고 불리는 마을로 들어선다. 이때 그의 허기짐은 헛소리를 넘어 중얼거림이 되었고 그 중얼거림은 마법사처럼 모든 것을 움직이게 할 만큼 위력적이었다. 가려움과 심한 피로, 배고픔은 이미 자제와 통제를 넘어서고 있었다.

카사풀링. 이 마을은 아무리 둘러봐도 여섯 집밖에 없었고 쓸쓸한 느낌을 주었다. 집마다 문을 두드려도 아무도 나와 보지 않았다. 살펴보니 마을 주민들은 모두 들판에서 보리를 심고 있었다. 허리를 펴고 나를 발견했음에도 그들은 아는 척을 하지 않았다. 허리가 땅으로 굽은 한 노파가 나를 향해 소리를 질렀는데 무슨 말인지 전혀 알아들을 수 없었다. 노을이 지고 사람들이 들판에서 돌아왔을 때 나는 그들에게 부탁했다. 키우는 양이나 염소를 팔라고 했다. 그들은 모두 거절했다. 밤이 되고 사람들이 잠들자 나는 마구간에서 염소를 도살했다. 새벽이 되어서야 설익은 염소 고기를 먹을 수 있었다. 배가 고파 어쩔 수 없었다.[11]

배고픔에 관한 자신의 의지에 대해 아는 게 얼마나 적은지를 실감한 하러는 엄마를 생각한다. 왜, 힘들고 배고프고 눈물이 날 때면 엄마가 생각나는지 모르겠지만 엄마가 떠올랐다. 하러가 기억하는 엄마는 아들의 가정교사와 과외교사를 섭외하고 감독하고, 그들의 교육 프로그램을 주의 깊게 살피는 엄숙하면서도 자상한 여인이었다. 하러가 예술과 체육에서 비범한 적성을 보인 시기가 이때였다. 엄마는 하러가 등반이나 스키보다는 수학이나 과학에 흥미를 느끼기를 바랐다. 그래서 그쪽 방면의 재능을 키워줄 수 있는 최고의 교사들을 찾아냈고, 최고의 자격을 갖춘 선생들을 고용했다. 하러의 재능에 대한 믿음으로, 유명한 대학의 젊은 학자를 데려가 아들을 가르치도록 했을 정도였다. 하지만 어머니는 이조차 불충분하다고 생각했는지, 하러가 14세 생일을 맞이하고 얼마 지나지 않아 좀 더 안정적인 학습 환경을 만들어주고자 대학교 옆으로 이사를 가기도 했다. 하러가 생각하기에 지금 자신이 산을 오르는 치밀함과 끈기는 겉으로는 자연스러워 보이지만, 어린 시절 내내 받은 환경의 이로움 덕분이 아닌가 하는 생각이 들 정도였다.

도망치듯 마을을 나온, 하러는 열을 지어 기어가는 순례자들 틈에 끼어들어 따라 걸었다. 그것이 안전하다고 생각했다. 강인해 보이는 누런 강이 보였다. 순례자들은 '얄룽창포강'이라고 알려주었다. 강의 이름은 사자, 코끼리, 공작, 말과 같은 성스러운 동물들과 관계가 있다고 했다. 그가 생각하기에 이곳에 사는 사람들은 강이나 호수, 바위나 빙산에 종교적이며 상징적인 의미를 부여하기를 좋아하는 거 같았다.

> 하늘로부터 뚝 떨어진 것으로 느껴지는 저 강은 아무리 추워도 얼음이 얼지 않을 거 같다. 얼음이 언 강에서 내려오는 노을을 바라보며 스케이트를 타고 싶다. 아무런 장애 없이 무한히 미끌어지며 세상의 끝까지 스케이트를 타고 싶다. 어쩌면 얼어붙은 강물 위로 끝없이 스케이트를 타고 가면 그 끝에서 영원히 쉴 수 있는 곳을 만날지도. 하지만 강물은 얼어붙지 않고 느리게 흐르고 있었고 그 느리게 흐르는 강물 위로 마찬가지로 느리게 떠내려가고 있는 뭔가가 보였다. 새였다. 새는 날개를 펴지 않은 채 편안한 모습으로 물살에 자신의 엉덩이를 맡긴 채 떠내려가고 있었다. 새는 하늘을 나는 것보다 물 위에서 떠내려가는 게 덜 피곤해 보였다.[12]

하러의 대학 시절은 어린 시절과 전혀 다르지 않았다. 이때도 똑같은 결핍(타인과의 교류 능력)과 재능(산을 누구보다 끈질기게 올라가는 체력)이 모두 있었다. 하지만 전자에 대한 결핍과 후자에 대한 자신감은 날이 갈수록 증폭되었다. 어디에 들어가든 그 공간의 주인이 되어 모든 사람이 자기 주변을 스스로 공전하도록 만들었던 아버지와는 달랐다. 어렸을 적, 하러는 아버지에게 지도 읽는 방법을 배웠다. "이건 개울이고 이건 호수고 또 이건 대피소야. 숲, 고산 자갈밭, 초원과 빙하를 색깔로 구별할 수 있어. 그리고 이건 해발고도를 나타내는데 곡선의 간격이 촘촘하면 오르기 힘든 가파른 산이고 띄엄띄엄 있으면 경사가 완만하고 등산로가 있다는 뜻이란다. 해발 표시가 있는 이 지점들은 정상을 나타낸단다. 알겠니?" 몇 년 후, 하러는 아버지와 함께 산을 타기도 했다. 하러는 성장하면서 승부욕이 강한 스포츠맨이었고 열정이라곤 스키와 산악 외에는 전혀 없었다. 그가 지나치게 산악을 좋아한다고 비난하는 사람들은 사실 그에게 억눌러야 할 욕구가 없다는 점을 이해하지 못했다.

강 위에서 편안하게 떠내려가는 새를 쳐다보다가 하러는 자신도 모르게 오리인지 새인지 알 수 없는 그것의 속도에 맞추어 걸어갔다. 강물과 그 강물 위로 편안하게 흘러가는 그것을 보며 나란히 걷고 있다는 느낌이 들자 마음이 평화로워졌다. 포로수용소에서 탈출한 뒤, 그의 걷기는 21달 동안 지속되었다. 한순간도 말이나 낙타를 이용하지 못했고, 깨끗한 물이나 소금조차도 맛을 보지 못했다. 당연하지만 길에는 올바른 팻말이나 이정표가 없었다. 시간은 지속적인 가려움이 되었다.

유목민들이 사는 겔(이동식 천막)을 지날 때였다. 아이를 넷이나 둔 티베트 여인은 남편이 둘이나 되었다.

겔 안.

난로 위의 주전자 소리.

하러 당신은 남편이 몇이오?

티베트 여인 지금은 둘입니다.

하러 그게 무슨 말인가요?

티베트 여인 셋이 될 수도 있고 넷이 될 수도 있다는 말입니다.

이해가 되지 않았지만, 나중에 알고 보니 티베트에서는 남편이 죽거나 실종하면 여인은 그 남자의 형제 중에 하나를 골라 다시 혼인할 수 있다는 전통을 알고 나서 하러는 고원이라는 특수한 공간이 인간에게 미치는 영향력, 그러니까 살아가는 데 결핍이 많은 공간일수록 시간은 달라지며 인간의 삶 또한 자신이 생각하지 못하는 다양한 형태로 변할 수 있다는 것을 깨닫게 되었다.

5. 하늘 도시

1946년, 여름. 라싸에 올라 온 하러는 어렸을 적 읽은 히말라야에 관한 몇 권의 책을 떠올렸다. 인도의 '레'와 '라다크' 그리고 '티베트'에 대한 책이었는데 하러는 특히 '티베트 편'에 소개된 만년설에 대한 묘사를 좋아했다.

아침이 되자 계곡 양옆의 높다란 봉우리를 덮은 만년설에서 설기가 우러나왔다. 사랑스럽고 형태 없는 바람은 설기를 타고 땅으로 내려온다. 설산을 걸친 튀어나온 절벽, 헐벗은 파란색 산등성이, 톱니 같은 모서리, 뿔 모양의 봉우리가 사방에서 계곡을 둘러싸고 있다. 보이는 곳에 길은 없다. 들어가는 또는 나가는 길이 있다고 믿기 어렵다. 오후가 되어 그

햇빛을 받으면 그 흰빛은 눈이 멀 듯 길쭉한 가시가 될 터였다. 작고 단단한 구름 떼로 얼룩진 하늘에는 종소리가 울려 퍼지고, 눈에 보이지 않는 새들은 겨우 두 가지 혹은 네 가지 음밖에 내지 못하는 속박에서 풀려나지 못하고 있었다. 공기에는 물과 돌, 오래전에 죽어 이슬에 젖은 흙 속 깊은 곳에서 다시 생명을 향해 나아가는 것들의 향기가 깃들어 있었다. 산들바람이 고요한 공기 중에 녹아들었다. 너무 푸르러서 하늘의 파란색을 배경으로 검게 보이는 숲의 꼭대기도 흔들리기를 멈추었다. 아무것도 몸부림치지 않았고 모든 것이 휴식과 명상에 빠진 듯했다. 시간이 결국 목적지에 이른 것만 같았다. 만년설에 복종하는 구름과 새의 모습이 조화롭다.

이곳에서 공간과 관계를 맺는 건 인간이 아니라 어디에나 지어져 있는 사원 같다는 느낌이 든 하러는 제일 먼저 언덕 위에 서 있는 붉은 지붕에 노란 창문을 가진 사원으로 뛰어갔다.

사원은 학교 운동장을 수십 개 연결해놓은 것처럼 넓었고 그 안에서는 웃음기가 전혀 없는 승려들이 살고 있었다. 나는 그들을 졸졸 따라다니며 이곳에서 무얼 배우냐고 물었다. "특별히 배우는 건 없소. 다만 여기서는 날이 밝으면 일어나고 밤이 되면 자는데 낮 동안에는 경전을 소리 내어 크게 읽고 낭송을 할 뿐이오." 배를 뒤집어놓은 듯한 모양의 모자를 만지며 승려가 말하자, "낭송이요?" 하고 나는 다시 물었다. 그는 고개를 끄덕이며 내일 새벽에 법당으로 오라고 했다. 나는 밤을 꼬박 새우고 새벽안개를 팔로 헤치며 법당으로 갔다. 그리고 그곳에서 놀랄 만한 광경을 목격했다. 하지만 그 광경은 말을 할 수도 기록해놓을 수도 없는 것이었다. 왜냐하면 그건 나만이 간직하고 싶은, 오래도록 기억하고 싶은 마치 호수에서 헤엄을 치다가 보물선을 발견한 기쁨과 같았기 때문이다.[13]

티베트인들이 내준 집에서 살기도 했다.

팔등과 발에 드는 햇빛 얼룩,
기분 좋다가 축축해진다.
나에게서 나온 나의 냄새가 집 안에 파고든다.

집은 큰 편이었다. 삼 층으로 이루어져 있는데 옥상에는 비가 올 때를 대비해 경사진 기울기를 고려했다. 창문은 나무와 돌로 이루어져 있는데 창틀은 기름을 발라 번들거렸으며 붉은색과 노란색으로 칠해놓았다. 집의 외벽은 밝고 강렬한 느낌을 주었다. 항상 부는 건조한 바람 때문인지 사람들은 습관적으로 방을 청소했고, 2층의 베란다에는 꽃을 진열하기도 했다. 하지만 음식을 하고 밥을 먹는 공간은 지저분하고 시큼한 냄새가 났으며 실내는 연기로 가득 찼다. 자욱한 연기는 야크 똥을 난로의 연료로 사용했기 때문이었다. 티베트인들은 매년 겨울이 오기 전, 대략 9월 중순부터 담벼락에 야크 똥을 칠했다. 알고 보니 이때가 티베트에는 우기가 시작되는데 야크 똥을 벽에 칠해야만 비의 침수와 다음 우기까지의 각종 재해를 막을 수 있기 때문이었다. 벽면에 칠한 야크 똥은 시간이 지날수록 햇빛의 영향으로 단단해지고 윤기가 났다.[14]
한번은 라싸에서 사람들이 제일 많이 모인다는 바코르八角街 시장에

갔을 때의 일이다. 당연하지만 시장은 사람들로 시끄러웠다. 머리에 두건을 쓴 이슬람 상인도 있었고, 불상을 사려고 흥정하는 난쟁이도 있었으며, 표범의 목에 줄을 맨 흑인도 있었다. 머리에 빨간 두건을 한 청년이 하러에게 다가와 혀를 내밀었다.

왜, 나에게 혀를 내밀지요?

그건 당신을 환영한다는 표시라고 악귀를 쫓아내는 행위라고 지나가던 노파가 알려주었다. 하러는 신고 있던 자신의 군화를 그 청년에게 선물로 주었다. 그리고 누가 시키지 않았는데도 군인이 행군하는 모습을 익살스럽게 보여주었다. 시장 사람들이 환호성을 지르고 박수를 보냈다. 기분이 올라 온 하러는 시장 안쪽으로 들어갔다. 길은 오른쪽으로만 걸을 수 있었는데 걷다 보면 결국 원래의 자리로 돌아오는 커다란 원의 모양을 하고 있었다. 둥그런 주발과 나팔을 팔고 있는 가게에 들렀다. 나무줄기로 엮은 발레용 스커트 같은 치마를 입고 발목에 구리로 만든 고리를 낀 여인이 나와 반겼다. 얼굴은 태양에 데인 것처럼 붉었으며 상체는 풍만했다. 아무것도 사지 않고 둘러만 보고 나왔는데 그녀는 욕을 하거나 불쾌한 표정을 짓지 않았다.

겨울이 오자 하러는 얼어붙은 강 위에서 스케이트를 탔다. 춥고 건조한 날씨였지만 하러는 땀이 날 정도로 신나게 놀았다. 아이들이 하러 주위로 모여들었다. 그는 아이들 앞에서 춤을 추며 노래를 불렀다. 아이들은 더 모여들었다.

겨울에 얼어붙은 라싸의 강에서 스케이트를 타는 하러.

티베트 아이 A 아저씨가 신은 신발은 특별해 보여요.

하러 특별해 보인다고?

티베트 아이 B 신발 밑에 뾰족한 그거 말이에요.

티베트 아이 C 걷는 칼, 같아요.

하러 만들어줄까.

티베트 아이들 네. 네. 네.

태평스러운 이 하늘 도시에도 거지가 있다는 것에 하러는 놀란다. 길거리에는 걸인으로 보이는, 굶주림에 시달린, 허기져 보이는 표정을 한 사람들이 더러 보였다. 가만히 보니 그들은 일자리가 없거나 신체적 불구 때문에 걸인 행세를 하는 사람들이 아니었다. 어쩌면 순전히 게을러서 걸인이 된 듯했다. 마치 그것이 사원에서 수행하는 스님들이 자신들의 마음과 행동을 정제하고 다스리는 수단이 되듯, 그들 또한 온종일 아무것도 하지 않고, 머리를 태울 것 같은 뜨거운 태양 아래서, 수치스럽거나 부끄럽다는 표정도 없이, 지나가는 사람들에게 두 손을 내밀거나 태평하게 누워 있는 모습이 어울려 보였다. 그들은 그것으로 온전한 하루를 보낼 수 있고 충분히 배불리 먹을 수 있다는 자세를 보였는데 사람들은 그들에게 등을 돌리거나 침을 뱉지 않았다.[15]

6. 환생자와 나눈 이야기

1947년, 겨울. 라싸. 포탈라궁.

하러가 보기에 환생자라는 이곳의 통치자는 그냥 아이였다. 장난감과 아침잠에서 헤어 나오지 못하는, 욕구와 겁을 동시를 느낄 줄 아는, 깨달은 미소보다는 싱싱한 웃음이 터져 나올 거 같은, 연민과 책임보다는 보살핌을 바라는 귀엽고 연약한 몸을 가진 해맑은 아이에 가까웠다. 환생자가 시종들에게 보호를 받으며 나타났다. "저 아이인가? 이곳을 통치한다는 어린 왕이? 저, 어린아이가 무슨 힘이 있길래 사람들을 다스릴까?" 하러는 준비한 선물을 내밀었다.

환생자 이건 축구공이 아닌가요?

하러 그건 지구본이라는 겁니다. 축구공같이 만든 지도지요. 공 위에 육지와 바다, 지명, 경선經線, 위선緯線을 그려 넣은 겁니다. 손으로 돌리면 회전도 합니다. 돌아가는 지도라고 할 수 있죠.

환생자 신기하군요.

초를 선물하는 환생자.

환생자 어둠이 오면 필요합니다.

하러 고맙습니다.

환생자 시를 들려주어도 될까요?

하러 시요?

환생자 당신이 온다기에 지었습니다.

하러 좋아요.

환생자 태양과 달은 지구를 움직이는 두 개의 숨. 두 개의 숨은 게으름이 없으며 공평하다. 지구 안에서 움직이는 모든 생명체는 낮과 밤을 피할 수 없다. 태양은 낮을 책임지고 밝음을 발산한다. 빛을 받은 생명체는 움직이고 소리를 내고 접촉하고 연결을 도모한다. 저녁이 되어 태양이 자신의 은둔지로 돌아가면 달이 솟아온다. 달은 어둠을 뱉어내어 고요와 적막의 분위기를 내린다. 밤을 만든다. 생명체들은 땅에 누워 흙냄새를 맡는다. 태양은 밤이 가면 다시 떠오른다.

하러 낮과 밤의 이야기인가요?

환생자 이곳에 온 사람들에게 나는 이런 질문을 합니다.

하러 무엇일까요?

환생자 이곳에 올라온 목적이 무엇인가요?

하러 환생자여, 저는 포로수용소에서 탈출하여 길을 잃었습니다. 여기까지 올라온 이유는 따로 없습니다.

환생자가 손을 들자,

주전자를 가져오는 시종.

환생자 몸이 아프지 않았나요?

하러 발이 아팠습니다.

환생자 발이요?

하러 네. 매일 걸으면서 발을 생각했습니다.

환생자 맞습니다. 두 발로 서는 것은 쉬운 일이 아니지요. 사람이 태어나서 걷기까지 얼마나 많은 시간과 인내심이 필요한지 잘 압니다.

하러 저는 매일 걸으며 발을 생각했습니다. 왜, 발은 몸 중에서 가장 아래에 달려 있을까요? 왜, 열 개의 발가락이 있어야 하죠? 저는 그게 늘 궁금했어요. 어느 날 밤, 저는 고개를 숙여 의기소침한 발에게 물었습니다. 너희들은 어째서 아래에서 살고 있니? 눈과 혀처럼 위에서 군림하지 못하고 왜 밑에서 무게를 감당하지 못하고 나날이 못생겨지고 있니? 하고 말이죠. 당연하지만 발은 대답하지 않았습니다.

환생자 맞아요. 몸을 지탱하고 있는 발은 늘 수고로움을 책임지죠.

하러 이곳까지 저는 걷는다는 것, 두 다리의 중요성을 새삼 깨달았습니다. 제가 느끼기에 발은 인간의 몸 중에서 제일 고독합니다. 언제나 땅을 딛고 서 있을 뿐, 누구에게도 자신의 처지를 말하지 못합니다. 슬픔과 외로움을 고백할 수도 없어요. 덕분에 내 몸에서는 지속적인 좌절과 분노가 떠나질 않았지요.

환생자 그렇군요. 이곳에서 온천욕과 체조, 산책과 명상을 통한 휴식을 하도록 해요. 엄격한 채식주의 식단도 도전해보고요. 그러면서 발을 아껴

준다면, 열 개의 발가락은 기꺼이 당신을 위해 희생할 준비를 다짐할 겁니다.

하러 그런데 이곳에 온천이 있다고요?

환생자 그럼요. 많답니다. 저도 즐기는 편이죠. 저녁이 되면, 누구나가 좋아하는 보라색의 황혼이 몰려오면, 온천에서 따뜻해진 근육이 녹아내리는 동안 꾸벅꾸벅 졸기도 하지요. 피부도 좋아지지만, 몸이 조용해지는 법을 알게 됩니다. 이곳의 사람들은 밤이 되면 하늘의 별을 보며, 만족스러운 하루를 보냈다고 서로들 다독여주고, 고요함이 가득한 자신들의 방으로 들어갑니다.

고개를 끄덕이는 하러.

미소 짓는 환생자.

하러 이곳에서 사는 사람들이 궁금합니다.

환생자 이곳은 집에서 나와 영적 수행을 일삼는 사람들로 가득합니다. 그들은 책을 읽거나 명상을 통해 내면의 혼란스러운 어둠 속에서 가끔 번쩍이는 자신의 옛 모습을 찾으려 하죠.

환생자 당신이 발 이야기를 꺼내니 저도 알고 있는 슬프고도 장엄한 발 이야기를 해드리겠습니다. 세상에는 이런 '발'도 있답니다.

하러 듣겠습니다.

잠시 고요.

촛불을 가는 시종.

환생자 그는 기원전 5세기경 마가다국의 변방 카필라성의 태자로 태어 났습니다. 그가 태어나자마자 친어머니 마야 왕후가 7일 만에 죽었습니다. 그는 이모 마하 프라자파티 왕후 손에 정성껏 양육되었죠. 나이가 들자 그는 아버지 왕의 명령으로 국정을 보살피게 됩니다. 하지만 그는 신분 차별이 엄격한 법과 제도의 벽에 괴로워합니다. 왜, 부자와 가난한 자가 생기는지, 기쁨보다는 고통이 많은지 알 수 없었습니다. 그가 방황하자 왕은 대신의 딸과 결혼시키려 합니다. 고뇌에 빠진 그는 인간 존재의 근본적인 고통 문제에 대한 답을 구하고자 출가를 결심합니다. 궁을 탈출한 것이죠. 스물아홉 살에 길 위에서의 삶을 시작한 그는 약 6년 동안 떠돌아다니면서 고행과 명상으로 죽음의 문턱까지 이르지만 깨달음을 얻지 못합니다. 그는 걷기를 포기하고 나무 아래 앉아 고요히 선정에 들어갑니다. 그리고 죽습니다. 그가 죽자 그의 관은 두 그루의 사라 나무 사이에 놓였습니다. 그의 수제자 카샤파는 스승이 열반한 지 7일째 되는 날 스승님의 관 앞으로 달려왔습니다. 카샤파는 관 앞에 엎드려 절을 했습니다. 그때 갑자기 직사각형으로 된 관의 아래쪽 면이 우지끈 터지면서, 스승의 두 발이 불쑥 뻗어 나왔습니다. 제자들은 모두 놀랐습니다. 어떤 제자는 악, 하고 비명을 지르기도 했습니다. 어찌하여 스승의 두 맨발이 관을 비집고 나와 제자를 향해 뻗은 것일까요? 모두 어리둥절했습니다. 카샤파는 스승의 맨발을 두 손으로 감싸 안았습니다. 그리고 이내 알아차렸습니다. 스승의 맨발이 관을 찢고 나온 그 이유를 말이죠. 그건, 모든 것을 버리고 집을 떠난 출가자의 슬픈 표상이었습니다. 온 세상의 험난한 길을 밟고 다닌 맨발이었습니다. 발가락과 발톱들은 돌부리에 차이고 삐죽한 자갈과 가시에 찔리고 긁히는 상처를 입었다가 아물고, 또 상처를 입었다가 아물기를 거듭한 까닭으로 곳곳에 암갈색 옹이들이 박혀 있었고, 짐승의 낡은 가죽을 덮어씌운 것처럼 두껍고 너덜너덜 보풀이 일어나 있었습니다. 그 맨발을 스승은 제자에게 내보인 것입니다. 제자는 생각했죠. 오, 그렇구나. 영원히 이 맨발의 뜻을 잊지 말라는 스승님의 당부구나. 제자는 스승의 맨발을 두 손으로 감싸 보듬은 채 어흑, 어흑, 울었다고 합니다.[16]

이야기가 끝나자 환생자는 자리에서 일어나더니 신발을 벗어 자신의 발을 보여주었다. 맨발이었고 발은 당연히 작았는데 발가락은 저마다 컸다. 엄지발가락은 마치 거인의 손가락처럼 지면을 누르고 있었고 나머지 발가락들은 저마다의 역할을 충분히 하고 있다는 듯 당당한 모양으로 지면을 누르고 있었다. 수건이 있다면 닦아주고 싶을 정도로 발등은 더러웠다. 환생자의 발등은 기이하게 그것도 오른쪽만 솟아 있었는데 뼈가 다친 것이 아닌지 의심스러울 정도였다. 엄지발가락 위쪽으로는 녹색의 털이 보였는데 그건 나무에서 자라나는 줄기처럼 연약해 보였지만 힘이 있어 보였다. 처음 보는 발이었다.

어린 시절. 하러는 캠퍼스를 휘젓고 다니는 존재는 아니었지만, 학업적으로 꽤 괜찮은 성적을 거두었다. 수학 분야에서 특히 그랬다. 어머니 덕분이었다. 어머니는 일찌감치 숫자에 대한 하러의 타고난 적성을 알아보고 통계학적 재능을 키우려고 했다. 반면, 아버지는 돈을 잘 버는 금융인이 되길 바랐다. 금융이란 인생의 모든 측면을 관통하는 핵심이라고 강조하며 정말이지 금융이란 인간 존재의 삶을 좌우하는 결정적 요소라고 강조했다. 따라서 아버지는 궁극적으로는 사업가를 원했다. 사업가에게는 모든 것이 중요하며, 따라서 사업가에게 아무 상관이 없는 일이란 존재하지 않는다고 했다. 그러므로 수학보다는 역사와 지리학, 화학과 기상학에 이르는, 상상할 수 있는 모든 영역의 지식을 배워야 한다고 했다. 하지만 하러는 수학과 금융과 전혀 상관이 없는 산악인이 되었다.

누워서 뒤척이는 하러.

한 손을 들어 눈을 가리는 하러.

습진과 가려움이 하러를 지치게 했다. 강박적으로 긁어대는 바람에 발등과 얼굴에서는 피가 났다. 가려움은 통증으로 통증은 공격적인 태도를 유발했다. 몸이 공기에 실려 떠다니는 듯했고 눈알은 어쩌다 우연히 뜨여 있는 것만 같았다. 참아보려고, 시간을 보내려고, 의미 없는 단어를 계속 중얼거리다가 한참 만에 잠결에 휩쓸리면 눈꺼풀이 천천히 처졌다. 그러면 아주 잠깐 잠들었다. 그러다가 더 이상 들이쉴 공기가 없어져 발장구를 치며 수면으로, 다시 세상으로 나왔다는 듯 숨을 마시며 잠을 깼다. 잠깐 깨면 발등과 목 언저리를 또 긁었다. 손톱으로 하다가 나뭇가지로 그것도 부족해서 칼 끝으로 긁은 적도 있다. 좀 시원해지는 느낌이 들면 다시 잠을 청했다. 하지만 잠은 휴식을 취하기보다는 점점 더 깊은 피로를 주는 기분이 들었다. 잠은 증상을 잠시 악화시킬 뿐이었다. 혼란과 신체적 쇠약이 개선될 조짐이 보이지 않았다. 그럴 때면 습관적으로 발등을 감싼 헝겊을 풀어내고 화를 내면서 딱지를 긁어댔다. 아무리 참으려고 애를 써도 소용이 없었다. 결국 하러는 라마승에게 도움을 요청해 허리를 감싸고 있던 낡은 가죽 벨트로 자신의 손목을 침대 난간에 묶어달라고 했다. 부탁을 받은 라마승은 그럴 수 없다고 손사래를 쳤지만 하러의 안쓰러운 발등과 얼굴 턱 부근의 붉은 반점을 보고 그의 양 손목을 움직이지 못하도록 묶어주었다. 하러는 그 상태로 잠을 잤다. 그러다 정신을 차릴 때마다 자신이 묶인 것을 보고 놀랐고, 분노하다가 가눌 수 없는 고독을 느꼈다. 간신히 진정하고 혼잣말로 저주를 퍼붓기를 그러다 졸기를 그렇게 몇 주의 시간이 지나자 가려움은 진정되었다. 분노하고 초조한 단조로움 속에서 시간은 흐릿하게 뭉개졌다. 턱수염은 계절이 변하듯 누구의 허락도 받지 않고 스스로 잘도 자라났다. 하러는 단정치 못한 턱수염이 싫었지만, 어째서인지 턱수염이 있어야 할 것만 같았다. 일종의 달력이랄까. 하러는 다시 그 아이, 아니 환생자를 만날 때까지 수염을 방치하기로 했다. 뜨거운 여름의 몇 달이 지나고 또 며칠간의 비가 내린 후, 구름이 누구의 간섭도 없이 흘러가던 오후, 환생자가 다시 하러를 불렀다.

둘은 침묵을 공유했다. 하지만 둘 중 하나는 그 침묵을 소유하고 다른 하나는 나누는 것이다.

환생자 저는 오늘 손에 관해서 이야기하고자 합니다.

하러 손이요?

환생자 솔직히 말하자면 저는 항상 사람을 만나면 손을 먼저 봅니다. 상대방의 외모를 평가하는 것보다 손을 보거나 만져보는 것이 훨씬 구체적이라고 생각하기 때문입니다. 손을 통해 상대방의 나이, 직업, 성격, 노동, 성별, 건강 상태 등을 추측할 수 있습니다. 그런 의미에서 악수는 타인과의 보편적 접속이자 짧은 시간 안에 상대방을 파악할 수 있는 구체적 접촉이라 할 수 있습니다. 특히나 남자 대 남자 간의 악수는 짧게 감촉되는 손들의 만남으로 상대방을 파악할 수 있는 시간이 주어집니다. 길어야 몇 초, 하지만 그 순간의 접속은 강렬하고 정확할 수 있습니다. 악수를 통해 상대방이 주는 손의 실감은 겉도는 이야기와 화기애애한 표정보다 솔직하다고 할 수 있죠. 손이 전달해주는 형태와 맵시, 길이와 두께, 손톱과 그를 둘러싼 근육과 주름의 형태는 숨겨져 있는 상대방의 성질을 상상할 수 있게 해줍니다. 사람의 손에는 저마다의 살아온 경험과 일상의 흔적이 손가락 사이사이에 박혀 있기 때문입니다.[17]

하러 손에 관한 예찬이군요.

환생자 당신들은 악수를 좋아하더군요. 악수를 하게 되면 가장 먼저 오는 실감은 무엇보다도 손바닥의 느낌과 두께입니다. 곰 발바닥 같은 사람, 땀이 있어 축축한 사람, 메마른 나무껍질같이 푸석한 사람, 굳은살이 자갈처럼 박혀 있는 사람이 있는가 하면 아기의 엉덩이같이 부드러운 느낌을 주는 사람도 있습니다. 좀 더 주의를 기울이면 손가락이 어떤 형태인지 주름과 핏줄은 어떠한 굴곡과 형태를 형성하고 있는지도 간파할 수 있습니다. 심지어 그 찰나에 상대방의 몸속에 유유히 순환하는 피 온도까지도 감지할 수 있죠. 따뜻한 피가 돌고 있는지, 차가운 피가 흐르고 있는지, 이도 저도 아니면 약간의 온기만 흐르고 있는지를 눈치가 빠른 사람은 그 순간에 동시에 손톱 상태도 확인할 수 있습니다. 손톱 색과 발육 상태의 모양으로 그의 건강 상태를 유추할 수 있으며 손톱 밑에 파고든 이물질로 그의 노동과 직업을 추정할 수 있습니다. 그러려면 순간의 몰입과 직감이 필요하기는 합니다.

1951년, 여름.

베이징에서 올라온 세 명의 군인.

장징우. 장귀화. 탄관산.

자신들의 이름을 크게 밝힌 그들은 부드러운 모래로 만들어진 깨달음과 평화를 상징하는 만다라曼茶羅를 번갈아 가며 발로 짓밟고 문질렀다. 환생자와 그를 에워싼 라마들이 경악했지만 그들은 개의치 않았다. 가운데 있던 코가 삐뚤어진 군인이 몇 발자국 앞으로 나오며 말한다.

장징우 이곳은 보이지 않는 것들을 믿는다지. 가령 환생이나 윤회 같은 것들 말이야. 그리고 그것들을 조장하거나 부추기는 사람들이 사원의 라마승이라는데, 그들은 무슨 근거로 그걸 사람들에게 믿으라고 하는 거야. 무엇보다 수행을 한다는 중들이 야크와 초원, 황금과 온천을 독차지 하고 있고 말이야. 그건 누구의 것도 아닌데 말이지.

하러, 그의 말을 듣고 환생자를 쳐다본다. 환생자는 가만히 있었다. 그저 그렇게 힘주어 말하는 그가 안쓰러워 보인다는 표정이었다. 말을 마친 그가 숨을 고르는 사이 그의 왼쪽 뒤편에서 주위를 둘러보던 군인이 앞으로 나오며 말을 이었다.

장궈화 이곳은 환생자와 그들을 추앙하는 라마들만의 천국이군. 거리의 거지들을 봐. 인간이 평등하다면 거지가 왜 있는거지. 우리가 왜 온 줄 알아? 이곳에 평등과 자유를 실현하기 위해서지.

하러는 역시 과하게 반말을 지껄이는 그 군인의 말을 들으며 환생자의 얼굴을 살폈다. 환생자는 좀 겁먹은 얼굴이었다. 빨간 뺨이 더 빨개졌다. 무례한 군인은 말을 마치자 환생자를 빤히 쳐다보았다. 환생자의 동의를 얻고 싶은 표정이었다. 하지만 역시 환생자가 아무런 대답이 없자, 그때 환생자는 영웅적이라는 처음 들어보는 단어의 의미를 생각하고 있는 듯했는데, 그러자 그는 다소 분노한 표정으로 목소리를 높여 말했다.

장궈화 진정한 이상주의자들은 다른 사람의 복지를 자신의 이해관계에 비해서, 특히 자신의 이해관계에 반해서 신경 쓴다지. 자기가 하는 일이나 거기로부터 창출되는 이익을 즐긴다면, 정말로 자신이 아니라 타인을 위해 그 일을 한다고 어떻게 확신할 수 있나? 대의로 향하는 유일한 길은 자기희생뿐이야.

환생자는 그가 말한 복지나 이해관계라는 말을 이해하려는 듯 심각한 표정을 지었다. 고개를 끄덕였으나 역시 처음 듣는 생소한 단어라는 표정이 뒤따랐다. 이곳에서는 창출이나, 이익이란 말을 쓰지 않고 살고 있기 때문이었을 것이다. 그때 뒤에 서서 두 사람을 말을 듣고 있던, 그러면서 인상을 찌푸리고 있던 나머지 군인이 제자리에서 펄쩍 뛰며 말했다.

탄관산 종교는 독약이란 말이지!

단호한 척, 하지만 인위적이고 강압적인 그들의 인상과 분노가 섞인 말이 끝나자, 그중 하나가, 좀 전에 악을 쓴 그놈이, 자신들의 통치자라며 사진과 오성홍기五星紅旗를 선물로 가져왔다며 환생자의 배꼽 앞에 내밀었다. 그들이 말하는 통치자는 머리가 크고 머리카락이 없었다.

환생자 옴. 마니. 밧메. 훔. 행복과 평화를 기원합니다.
장징우 우리를 주인으로 받아들이면 당신들의 삶을 보장하겠소.

그는 공감과 친절을 베푸는 인상을 지었지만 거만하고 매정한 표정이었다.

환생자 제가 성년이 될 때까지 이곳은 섭정께서 책임지고 있습니다. 중요한 사안은 그분과 만나셔야 합니다. 저는 그저 평범한 승려에 불과합니다. 제가 아는 것은 그저 부처님 말씀과 진리일 뿐입니다. 부처님은 누구에게나 생명은 소중하다고 말씀하셨습니다. 이를 아는 자는 살생하지 않는다고 하셨습니다. 분명히 아셔야 합니다. 우리는 어떤 폭력도 거부합니다. 평화를 추구합니다. 나약하다고 여기지 마세요.

환생자의 단정하면서도 자신을 지키는 말이 끝나자 셋은 똑같이 험상궂은 얼굴로 변했다. 그들은 여러 날 똥을 못 싼 당나귀의 표정을 지었다. 환생자는 기둥 쪽으로 얼굴을 돌렸다. 환생자의 가슴은 가쁘게, 약간은 너무 빠르게 오르내렸다. 그의 얼굴은 적막한 폐허와도 같았다. 하러는 앞으로 다가가 허리를 숙여 환생자의 발등에 입을 맞춘 뒤, "괜찮아요, 무척 용감했어요"라고 말해주고 싶었다.

사랑스럽고 형체 없는 밤.
문을 여는 환생자의 시종.

시종 보자고 하십니다.

하러 지금이요?

시종 네. 지금요.

하러 어디로 가면 될까요?

시종 궁, 옥상으로요

하러는 뛰어 올라갔다. 숨이 가빴지만 멈추지 않았다. 아이가 저만치서 작은 손을 들어 손짓한다. 이 시간에 보는 그의 얼굴은 환생자, 관세음보살의 화신이 아니라 그저 불안과 초조의 기색이 가득한 소년의 얼굴이었다.

환생자 우리 여기 같이 누워서 별을 볼까요?

하러 별이요? 좋아요.

환생자 동굴 속에서 티베트어를 가르친 원숭이가 있었습니다.

하러 원숭이요?

환생자 3년 후, 그 원숭이는 말을 할 수 있었습니다.

하러 말을 해요?

환생자 첫 마디가 뭐였을까요?

하러 … 뭐라고 했나요?

떨리는 목소리.

환생자 나를 보내줘! 입니다.

하러는 가만히 아이의 손을 쥐었다. 아이는 어깨를 들썩이며 울먹이며 말했다.

어쩌면 좋죠?

❖

라싸 외곽. 겨울.

계곡 아래서 벌거벗은 아이를 만난 하러.

하러 나는 저 빙하를 올라가려고 왔어.

아이 (대꾸하지 않는다.)

아이는 몸이 불편해 보였다.

하러 애야, 뭘 보고 있니?

아이 빙하요.

하러 왜?

아이 녹고 있잖아요.

하러 내 눈에는 안 보이는데?

아이 녹고 있어요.

하러 그럼 어쩌지?

아이 빙하는 지구를 지키는 신이에요.

하러 (멈칫한다.)

아이 빙하가 화가 났어요.

하러 화가 났다고?

아이 빙하가 울어요.

하러 녹는다는 말이니?

아이 다 죽을 거예요.

하러 (빙하를 올려다 본다.)

아이 물에 다 잠길 거예요.

아이는 빙하를 보며 말을 했고, 하러는 가만히 있었다.

4

스벤 헤딘
Sven Anders Hedin, 1865~1952

티베트의 냄새는 뼈로 들어온다.

1. 이득

무엇이 인간을 인간답게 만드는가? 선한 행동인가, 협동인가, 노인들이나 어린아이를 먼저 배려하는 마음인가? 그런 것일지도 모른다. 하지만 인간이 인간다운 점은 무엇보다도 스스로 자처하여 위험을 감수하는, 실패할 것을 알면서도 도전한다는 것이다. 동경에 가까울지라도 인간은 마음이 일렁이는 장소나 사물을 누구보다 먼저 보고, 만지고, 소유하고 싶어 한다. 계산하는 마음이 있기 때문이다.

사자나 돼지는 스스로 곤란을 자처하지 않는다. 오직 인간만이 한다. 목적이 있기 때문이다. 알고 보면 인간이 사용하는 언어, 즉 이야기도 목적성을 가지고 있다. 상대방으로부터 어떤 이득이나 혜택, 동의나 합의를 얻으려 할 때, 인간은 먼저 이야기를 시작한다. 비록 그것이 사소하더라도 말이다. 그런 목적을 가진 인간의 행동은 어디에서 나오는가? 생각에서 나온다. 생각은 행동을 유발하고 행동은 결과를 도출한다. 그러니까 인간이 하는 모든 행동은 시작이 있고 중간과정이 있고 끝이 있다는 것이다. 인과因果의 시간과 공간이 있는 것이다. 인간만이 정해진 시간에 특정한 공간에 모여서 공동으로 밥 먹는 것을 보면 알 수 있다.

인간은 뇌를 통해 기억이라는 것을 한다. 기억은 과거의 특정 장소, 시간, 사건, 관계, 이미지들이 모여서 만들어낸 것이다. 따라서 이미지는 기억이 되고 기억은 추억이 되고 추억은 감정이 된다. 그리고 감정은 공간이나 장소의 이동을 부추긴다. 그러므로 인간의 움직임은 기분이나 감정이라는 관계의 경험에서 출발하며 이득과 혜택이라는 목적성을 가진다. 실패나 상처, 오해나 분쟁을 감수하고 말이다.

마차, 열기구, 자전거, 열차, 자동차, 배, 비행기 등이 나오기 전까지 인간을 움직이게 하는 수단은 두 다리뿐이었다. 걷는다는 것, 그건 정해진 선로가 없는, 언제든 옆으로 또는 뒤로 갈 수도 있는 자유로운 선택과 이동을 보장해주는 두 다리 때문에 가능하다. 아이나 노인, 병사와 장교, 여자와 남자, 곱추와 거지, 지네와 기린, 세상에 다리를 가진 모든 생명체는 그날의 목적을 위해 움직인다. 먹을 것을 위해 또는 짝짓기를 위해 다리에게 명령한다. 권유나 회유, 공갈이나 협박이 아닌 강력한 명령을 내린다. 오늘의 목적을 위해 너의 다리를 희생하라. 그러므로 걷기는 최고의 시간을 선사하기도 하지만 잊지 못할 슬픔과 고통을 선사하기도 한다.

여행과 탐험의 공통점은 절제된 고통이라는 자기만족을 과시하면서 죽을 수도 있다는 최악의 순간을 받아들이는 것이다. 질병과 두려움이라는 이불을 스스로 자처하여 덮어쓰는 것이다. 이상한 건, 그 이불의 무게가 여행자를 질식하게 하는 동시에 해괴하게도 안락의 느낌을 준다는 것이다. 그래서일 것이다. 여행자로 위장한 탐험가들은 힘든 순간에도 동화 같은 글을 쓰기도 하고 그림을 그리거나 지도를 만들기도 한다.

글과 그림 그것으로 인간은 감정과 우아함을 동시에 추구하거나 느낄 수 있다면, 지도는 생존하고자 하는 인간의 본능에서 출발했다. 미지의 장소를 향해 길을 나선 여행가나 탐험가들은 어떻게 돌아올 것인가를 고민했다. 찾아가는 것보다 돌아오는 것이 어렵다는 것을 알았기 때문이었다. 그들은 생각했고 고민했으며 논의했고, 마침내 표시라는 기호를 만들어냈다. 땅과 산맥, 숲과 강을 파악하고 그곳에 적합한 숫자와 기호를 넣은 그림을 그렸다. 낙서에 가까운 그림일지라도 지형적 특징을 기록했다. 공간을 시각화해서 주변을 인식하는 부호를 남겼다. 지도의 탄생은 여기로부터 시작되었다. 계절에 따라 산맥과 바닷가, 혹은 국경을 가로질러 이동하며, 편의에 따라 오래 머물거나 잠시 체류하거나 서둘러 지나가면서 사람들은 지도를 그렸다. 지도는 곧게 뻗고, 휘고, 돌고, 겹치고, 엇갈리는 지형의 방향을 알려주고 어지러운 산맥과 하천을 돌아가게 하고 또 그 공간 속에서 멋대로 나열된 풍경과 고도의 행과 열을 정리해주지만 무엇보다 그것들이 주는 낯선 위압감과 공포감을 완화시켜준다.

2. 지도

지도에는 공간에 대한 인간의 욕망과 도전이 담겨 있다. 콜럼버스, 마르코 폴로, 마젤란, 바스코 다가마. 그들을 보면 알 수 있다. 그들은 저마다의 뚜렷한 목적과 열정이 있었는데 그것은 새로운 장소를 발견하고 그곳에서 누구보다 먼저라는 성취를 이루는 것이었다. 그들의 '발견'이라는 성취는 나침반과 망원경도 도움을 주었지만, 무엇보다 지도 덕분이었다. 그들은 이미 만들어진 지도를 보거나 새로운 지도를 만들며 미지의 땅으로 나아갔다. 그들에게 지도는 그저 위치를 설명하고 길잡이 역할을 하는 데 그치지 않았고 최초의 발견이라는 욕망이 숨겨져 있었다. 지도는 기호와 표현방식으로 다른 사람에게 지식과 정보를 전달하고자 하는 인간의 애정이 품위 있게 담겨 있지만, 그것의 영향력이 커질수록 그것을 소유한 사람들의 권위도 높아졌다. 지도는 자신만이 소유일수록 그 힘이 증폭되었기 때문이었다.

인류는 문자를 만들기 전부터 지도를 그려왔다. 종이에 그림을 그리고 숫자를 표기하는 종이지도 이전에도 인간은 지도를 만들었다. 그건 영구히 보존할 수 있는 돌에 그린 지도였다. 돌에 새기면 비밀성과 영구성을 동시에 겸비할 수 있었다. 지도 제작의 배경에는 생존을 도모하겠다는 본능에 가까운 행위가 바탕을 이루고 있지만, 지도를 가진 자가 더 넓을 땅을 차지한다는, 문을 나서지 않더라도 천하를 알 수 있다는 전략적 사고도 포함되어 있다. 따라서 지도 제작을 기획하거나 그 기획을 실천에 옮기는 사람들은 대부분 국가의 전폭적인 지원과 독려를 받았다. 지도에는 지리적 현실을 어떻게 나타내느냐에 따라 문화적 태도와 세계관이 담겨 있기도 하지만 무엇보다 새로운 땅의 발견과 장소의 선점이라는 자원획득의 논리가 들어 있기 때문이다.[1]

지도는 새와 같다. 모든 것을 한눈에 볼 수 있게 해주기 때문이다. 15세기 유럽은 지구의 새가 되고 싶었다. 바다를 건너 다른 세상과 교류하고 싶었다. 그리고 그곳, 새로운 세상에서 자신들의 영토를 넓히고 자원을 획득하고 싶었다. 결핍에 대한 욕망은 위험한 도전을 부추긴다.

포르투갈과 스페인이 바다를 건너 아시아로 향한 이유는 여기에 있다. 그들은 당시 베네치아가 독점하고 있던 향신료(인도 남부 캘리컷에서 생산되는 강황, 시나몬, 후추) 무역에 뛰어들어 부를 축적하고 싶었다. 하지만 신대륙이 발견되기 이전, 아무도 바다 저편을 엄두내지 못했다. 바다는 하늘과 마찬가지로 끝을 알 수 없는 예측이 안 되는 영역이었다. 1941년 한 남자가 명예와 황금, 신의 영광을 위해 바다 횡단을 감행한다. 그는 콜럼버스였다. 1491년 살라망카대학에서 그는 자신의 도전적인 항해 계획을 설명한다.

콜럼버스 바다의 서쪽, 그 끝에는 아시아가 있는데 그곳에는 향료와 황금이 넘친다고 합니다. 현재 그곳으로 가는 길은 둘뿐입니다. 아프리카대륙을 돌아가는 뱃길과 터키의 육로, 하지만 터키는 기독교인의 출입을 막고 있습니다. 곤란합니다. 그래서 제3의 길, 바로 서쪽 바다를 건너야 합니다.

수도원 수사 그곳은 아무도 건넌 적이 없네.

콜럼버스 인도는 카나리제도에서 750해리 거리입니다.

수도원 수사 어떻게 확신하지?

콜럼버스 토스카넬리가 계산했습니다.

수도원 수사 믿을 수 없네.

콜럼버스 우리는 오랫동안 속아왔습니다. 지구가 평평하다고 속았습니다. 땅끝에는 괴물들이 지키고 있다고 말입니다. 가보지 않고는 알 수 없습니다.

자신의 설명이 막히자, 콜럼버스는 궁으로 들어가 왕과 담판을 감행한다.

왕 아리스토텔레스의 계산으로는 바다의 경계는 2만 2000해리라는 것을 알죠? 그렇다면 그의 계산이 틀렸다는 새로운 증거라도 찾았나요?

콜럼부스 각하도 마린 데 티르의 논문을 아실 줄 압니다. 그의 발표로는 바다는 750해리라고 했습니다. 토스카넬리, 프랑스의 대주교인 뻬에르 님도 그를 지지합니다. 따라서 바다는 건널 수 있습니다.

왕 좋소. 그럼 마린 데 티르의 계산이 맞다면 항해는 어느 정도일 것 같소?

콜럼버스 7주 정도, 여름엔 6주입니다.

왕 마린은 틀렸습니다. 그의 계산은 수세기 동안 계속 수정되어 왔습니다. 당신의 항해는 족히 1년은 걸릴 것이오.

재무대신 콜롬버스, 당신 말대로 아시아에 도착했다고 합시다. 우리 스페인은 뭘 얻죠?

콜럼버스 무역입니다. 마르코 폴로에 따르면 중국은 세계 최고의 부자나라입니다. 가장 천한 집도 황금 지붕을 했다고 합니다.

왕 그게 당신의 목적인가요? 황금 말이요?

콜럼버스 아닙니다. 저의 목적은 그들 이방인들을 주님 앞으로 이끄는 것입니다. 또한 스페인은 왕국이 아니라 제국이 될 것입니다.

하지만 콜럼버스의 청원은 거절되었다. 콜럼버스는 여왕을 만난다. 그리고 만약 자신이 바다를 건너 새로운 땅을 발견한다면, 황금 박차를 달 수 있는 기사 작위, 후세까지 물려줄 '돈' 칭호, 대양의 제독 칭호와 서인도제도의 총독 칭호, 또 자신이 발견한 땅의 총독 칭호뿐만 아니라, 발견한 황금이나 보석, 향료 등 모든 부의 10퍼센트를 요청한다.

1492년에 그는 결국 스페인 왕실의 후원을 받아 항로 개척에 나선다. 그리고 당대 유럽인들이 알지 못했던 새로운 대륙이 있음을 알리게 된다.

그로부터 5년 후, 1497년 바다로 나간 바스코 다가마(1469~1524)는 인도를 찾아 헤맨다. 170명의 선원 중에서 55명만 살아남을 정도로 처절했던 항해에서 그는 인도 찾기를 포기하지 않았다. 향신료(후추)를 독점하기 위해서였고 동양에 존재한다는 프레스터 존을 만나기 위해서였다. 마르코 폴로(1254~1324)의 《동방견문록》에는 동양에 존재한다는 프레스터 존에 대한 언급이 있는데, 당시 유럽 최고의 관심사는 동방의 사제 왕, 프레스터 존을 찾는 것이었다.² 당시 유럽에서 프레스터 존의 전설이 빠르게 퍼진 세 가지 이유가 있었는데 우선 그가 기독교를 믿는 사람들이 추앙한다는 점 그리고 아주 강했다는 점, 또 그의 왕국이 유럽인들이 꿈꾸던 이상적인 왕국과 비슷하다는 점이었다. 사람들은 그런 장점이 이슬람 세력으로부터 유럽을 구원해주리라는 환상을 꿈꾸었다. 인도에 도착한 바스코 다가마는 향신료를 찾는 데 성공했지만 프레스터 존은 만나지 못했다. 실제로 존재하지 않았던 인물이었을지도 모른다.

인도의 검은 황금, 후추의 독점으로 마침내 포르투갈은 유럽의 변방 국가에서 벗어날 수 있었다. 인도에서 가져온 후추 한 줌은 사파이어 반지 2개, 돼지 15마리, 말 3마리에 상당하는 대단한 영향력을 가졌으며 신분을 과시하는 상품으로 자리매김하게 되었다.[3] 당시 유럽은 아시아 무역에서 주변적인 존재였다고 할 수 있다. 주요 세력은 중국, 아랍, 인도의 상인들이었다. 15세기 중국의 정화(1371~1434)는 배 317척, 2만 8000명, 2000톤급 62척으로 28년 동안 무려 일곱 차례나 바다를 가로질렀다. 바스코 다가마가 이끈 배가 4척, 300톤급 3척, 173명으로 이루어진 선단인 것에 비하면 엄청난 규모였다. 하지만 당시 유럽이 중국보다 잘하는 것이 있었는데 그건 바로 바다에 대한 욕망이었고 그것에 대한 수단으로서 지도와 총을 만들었다는 것이다. 중국의 정화가 이끄는 대선단은 해상무역에 대한 욕망이 없었다. 중국의 해상 진출은 황실과 정부에서 너무 비용이 많이 든다고 판단했고 육지를 떠나는 것이 중국의 전통이 아니라고 생각했기 때문이었다. 즉 바다를 보는 시야가 유럽은 상대적으로 개방적이었다. 유럽인들은 총이 교역을 효율적으로 만든다는 것을 일찍부터 알았고 지도와 총을 통한 방식이 빠르고 쉽게 돈을 벌 수 있다는 것도 알았다. 그리고 이 방식은 오랫동안 지속되었다. 오래전부터 유럽인들은 모든 부의 원천이 그곳, 바다 건너 아시아에 있다는 것을 알았던 것이다. 하지만 유럽이 바다를 건너 아시아로 향한 이유는 무엇보다 새로운 장소나 상품에 대한 인간의 욕망 때문이라고 볼 수 있다. 욕망과 집착, 끈기와 인내는 죽지 않고 무사히 바다를 건너는 기술과 방법의 발달을 이루었고 그 중심에 지도, 나침반, 시계, 망원경이 있었다.

3. 스벤 헤딘

스웨덴 출신의 스벤 헤딘은 측량과 지도를 중시한 지리학자다. 1865년 스톡홀름에서 건축가의 장남으로 태어난[4] 헤딘은 어렸을 적부터 《모히칸족의 최후》를 쓴 미국 소설가 제임스 페니모어 쿠퍼(1789~1851), 《80일간의 세계 일주》를 쓴 공상과학소설의 선구자 쥘 베른(1828~1905), 남아프리카 탐험가인 데이비드 리빙스턴(1813~1873), 과학자이자 저술가인 벤저민 프랭클린(1706~1790), 지질학자인 닐스 노르덴셸드(1832~1901) 등이 보여준 흥미로운 모험담을 읽으며 성장했다. 헤딘은 풍족하고 여유로운 공간보다는 결핍의 장소를 좋아했다. 그런 공간에서 인간은 위안과 지지만이 아니라 영감을 얻을 수 있다고 믿었다.

헤딘은 콜럼버스보다 두 살 더 먼저인 15세(1878년 6월)의 나이에 이미 북극과 아시아, 유럽을 경험했다.[5] 그는 지루한 시간을 끔찍이 싫어했는데 그래서 그 지루함에서 벗어나는 것이 하루의 목적이었고 일생의 목표였는데 이상하게도 지루함에서 발견과 깨달음의 기회가 오기도 한다는 것을 알았다. 그가 새로운 탐험을 시도한 것은 그게 없으면 주변 자극에만 끊임없이 반응하게 될 거라는 두려움 때문이었다. 18세의 나이에 북동항로를 개척하기 위해 떠났던 베가호The Vega를 타고 여행한 헤딘은 훗날 오랜 여정 끝에 스톡홀름 항구로 다시 돌아오는 그 순간을 잊지 못했고 그 시절의 경험이 그를 탐험가로 만든 결정적 사건이 되었다고 회고하기도 했다.[6]

20살이 되던 1885년, 헤딘은 아제르바이잔의 수도 바쿠Baku에서 일년 동안 가정교사를 하게 된다.[7] 이 시기에 그는 평생 중앙아시아와 티베트를 탐험하게 만든 결정적 계기를 만나게 된다. 바쿠에서 가정교사를 하면서 페르시아와 메소포타미아 지방을 돌아본 헤딘은 1890년 스웨덴 국왕이 페르시아에 사절단을 파견할 때 통역으로 따라가게 된 것이다. 그해 6월에 사절단은 모두 귀국했지만, 헤딘은 남아서 페르시아의 엘부르즈산을 등정한 다음 (서)투르키스탄 일대를 둘러보고 코칸트와 오시를 거쳐 12월 중순에 카슈가르Kashgar로 넘어간다.[8] 헤딘은 그곳에서 영국인 프랜시스 영허즈번드(1863~1942)를 만난다. 그는 당시 티베트와 통상조약을 맺기 위해 출정한 군인이자 탐험대 대장이었다. 영허즈번드는 당시 헤딘의 인상을 이렇게 기억한다.

나는 그를 보자마자, 특별한 인상을 받았다. 두꺼운 안경을 쓰고 있었고 분위기는 온화했다. 그의 짧은 걸음에는 해방적인 느낌이 있었다. 나는 그의 언어 능력과 과학적 지식, 예술적 소양 등이 대단하다는 것을 느꼈다.[9]

세계사에서 19세기 후반부터 20세기 전반은 내륙 아시아 탐험의 시대로 규정할 수 있는데 당시 탐험과 조사가 이루어진 지역은 동투르키스탄과 중국 서남부에 위치한 티베트 일대였다. 그곳은 청淸의 영역이었는데 당시 청은 아편전쟁의 후유증으로 정신이 없었지만 그렇다고 외국의 탐험가들이나 조사대가 마음대로 활동하기도 쉽지 않았다. 하지만 국가의 명령이나 자신만의 소명이 투철한 사람들은 목숨을 걸고 중국 안으로 들어갔다. 위험을 무릅쓰고 얻은 성취감은 무엇과도 바꿀 수 없는 가치라 여겼기 때문이다.

1881년 봄, 톈산산맥을 넘고 이식쿨Issyk Kul 호수를 지나 스웨덴으로 돌아온 헤딘은 이 여행을 토대로 《페르시아, 메소포타미아, 캅카스 지방》이라는 제목의 여행기를 쓰고 1887년에 출간한다.[10] 헤딘은 당시 아시아대륙 탐험가로 유명한 페르디난트 폰 리히트호펜(1833~1905) 교수를 찾아가 자연지리학, 역사지리학, 고생물학, 생물학, 소묘(스케치), 언어 등을 배우며 탐험가로의 꿈을 키운다.[11] 당시 헤딘이 중앙아시아에 관심을 가진 이유는 시대적 배경과도 연관이 있었다. 19세기 중반 이후 유럽은 자신들의 식민지를 넓히기 위하여 여러 곳으로 시선을 돌렸는데 그 중심에 중앙아시아가 있었다. 인도에서 라다크 지방을 거쳐 티베트와 중앙아시아에 진출하려는 영국과 시베리아에서 중앙아시아를 거쳐 남쪽으로 영토를 확장해가려는 러시아는 19세기 내내 서로 경쟁하며 대립했는데, 이때 러시아에서 니콜라이 M. 프르제발스키(1839~1888)라는 탐험가가 등장했다. 그는 1870년대 이미 실크로드 일대에 대한 전면적인 조사와 연구를 진행했으며, 황하의 발원지와 로프노르Lop-nor, 羅布泊 호수를 최초로 발견한 탐험가였다. 당시 유럽인들의 호기심을 자극했던 로프노르 호수는 이른바 '떠도는 호수Wandering Lake'로 유명했는데, 퇴적과 침식 작용 등에 의해 호수의 위치가 남북으로 이동한다는 소문이 떠돌고 있었다.[12] 그래서 이 호수는 시간을 두고 이동하지만 언젠가 반드시 원래 위치로 돌아올 것이라는 주장이 탐험가들 사이에서 유행했는데 헤딘과 그의 스승 리히트호펜도 그 주장에 동의했다. 스승의 권유도 있었지만, 호수의 이동설에 강한 호기심을 느낀 헤딘은 프르제발스키보다 20년 후인 1895년 4월, 타클라마칸사막을 가로질러서 로프노르를 향한 탐사에 나섰다. 하지만 경험 부족과 계산 착오로 가이드와 짐꾼들, 탐험 장비를 모두 잃어버리고 간신히 몸만 살아

타클라마칸사막의 카라-코스춘 북쪽 해안에서 수준기를 들고 측량을 하고 있는 스벤 헤딘.

돌아오는 처지에 놓인다.

1899년 헤딘은 2차 탐사에 나선다. 그런데 뜻밖에도 사막에서 오아
시스 도시인 누란樓蘭을 발견한다. 누란은 현재 중국령인 신장-위구르
자치구에 있는 고대 도시 국가였다. 사막 아래 도시가 있었으니 그 주변
에는 틀림없이 강이나 호수가 있었을 것이라고 확신한 헤딘은 누란 근
처에 로프노르 호수가 존재했을 것으로 확신했다. 헤딘은 이 호수가 원
래 자신의 스승, 리히트호펜이 주장한 그 위치에 있었지만 1500년간 서
남쪽으로 이동해서 프르제발스키가 찾아낸 그 지점으로 이동했다고 주
장했다.[13] 고대 도시 누란의 발견과 로프노르 호수 이동의 주장으로 헤
딘은 세계적인 실크로드 학자로 명성을 얻게 된다.

세상에는 어떤 분야에 재능이 있는 사람들이 있다. 그들에게는 복잡

하거나 불가사의한 일이란 존재하지 않는다. 세상에 대한 그들의 접근법은 쉽고 간단하면서도 틀림이 없다. 헤딘은 그런 명석함이란 축복을 받고 태어났다. 그는 일찍부터 알고 있었다. 지도는 인류의 생존을 위해 그려진다는 것을, 그리고 인류의 역사는 지도의 빈칸을 채워나가는 과정으로 돌변한다는 것을, 지도는 문명 교류를 촉진하지만 그 이면에는 세상을 지배하는 폭력과 무기의 수단이 될 수 있음을, 바다를 가로질러 새로운 세상에 도착하면 새로운 땅에서 발견한 자원의 선점과 권리를 획득하는 것이 중요하다는 것을, 아직 정해지지 않은 지리적 공간을 자신이 속한 영토 안으로 질서화하는 작업은 정부나 국가가 할 일이었지만 그것이 국가의 통치와 권력, 생산과 경제력과 긴밀하게 연결되어 있다는 것을, 발견된 새로운 땅의 자원은 합리적인 소유 방법, 인구의 관리, 계산 가능한 경제적 공간으로 구축해야 한다는 것 또한 알고, 그래서 무엇보다 지도가 중요했지만, 지도는 국가의 부와 권력을 확산하고 재생산하는 무기가 아니라 문명 교류를 위한 도구라는 점을 잊지 않았다.

헤딘은 아버지가 주장한 검약과 성실함이라는 가훈에 전혀 귀를 기울이지 않는, 오히려 모든 재산은 장물이라고 간주하는 인물이었다. 그리고 상업적으로 사고하는 자신의 지인들과 자신 사이에는 아무런 공통점이 없다고 선을 그었다. 자신이 꿈꾸고 동경하던 미지의 세계에 대해 아버지는 그곳에 사는 사람들은 아마도 배움이 느리고 고분고분한 애완동물과 비슷한 성격을 지녔을 것이라고 만약 그들이 언어를 사용한다면 분명코 표현력이 떨어지는 언어라고 어휘가 한정적이고 문장구조도 촌스러울 거라며, 헤딘의 모험을 저지하려 했지만 그럴 때마다 그는 순응하지도 물러서지 않았다. 헤딘은 모험과 탐험을 거듭할수록 신과 국가를 부정하게 되었다. 모든 악의 뿌리이자 모든 전쟁의 이유는 거기로부터 나온다고 생각되었기 때문이었다.

어린 시절 그는 개울을 좋아했다. 나무다리를 지나 강둑을 만나고 강둑을 넘어 자신을 가로막는 가팔라진 협곡을 직면해도 멈추지 않았다. 오히려 안으로 더 들어갔다. 그는 요동치는 개울물이 좋았고 큰 바위틈에서 연속해서 물거품을 일으키는 소용돌이 속에 자신의 손과 발을 담그는 것이 좋았다. 그리고 마치 아이에서 어른이 되듯이 느릿하게 여러 갈래로 퍼져나가는 자작나무의 냄새를 좋아했다. 나무를 돌아 반대편 강둑으로 가는 것도 좋아했고 그곳에서 얼키설키 얽힌 목재들이 장벽을 이루고 있는 모습을 보면 감동스러울 정도였다. 무엇보다 개울가에 앉아 수면 아래서 흐느적거리는 수초를 바라볼 때면 시간 가는 줄 몰랐다. 헤딘은 성장하면서 여행을 넘어 탐험에 빠져들기 시작했다. 그는 경제적 품위를 드러내는 일보다는 미지의 장소가 더 궁금했다. 1893년에서 1908년 사이, 헤딘은 오랜 준비 끝에 옛 페르시아 지역과 타림분지, 파미르, 티베트고원을 세 차례에 걸쳐 탐험을 지휘하게 된다. 장기간에 걸친 이 탐험 프로젝트는 그에게 지도제작자, 기상학자, 지질학자, 사진가, 제도가 등의 다양한 역할을 주문했고 그는 모든 방면에서 탁월한 재능을 보여주었다. 탐험가들 사이에서는 헤딘이 길의 패턴을 찾고 그 패턴을 분해하고 겉보기에는 아무 관련이 없어 보이는 바위와 호수, 산맥과 대기 사이에서 숨겨진 인과관계를 살피는 데 유능하다고 알려졌다.

헤딘의 첫 번째 중앙아시아 탐험(1893~1897)은 그의 나이 28세에 시작되었다. 카메라 4대, 사진 건판 2500장, 문구류와 제도용 칼과 자,

원주민들에게 줄 선물, 옷가지와 책, 휴대용 접이식 보트, 탐험에 필요한 기기를 준비한 헤딘이 떠난 첫 번째 여정은 1893년 2월 17일이었다. 카슈가르를 떠나 옥玉의 도시 호탄和田에 도착한 헤딘은 1895년 타클라마칸사막에 진입한다. 하지만 사막에 적응하지 못하고 안내인 4명, 낙타 8마리, 개 2마리, 양 3마리, 닭 10마리와 측량 도구를 모두 잃어버리고 돌아오게 된다. 훗날 헤딘은 자신이 한 여행 중에 그 첫 번째 탐사가 가장 준비가 미흡하고 어려웠다고 고백했다. 물이 부족해 탈수에 걸리고 낙타 오줌을 마시고 구토를 했다고, 자신이 경험한 탐사 중에 가장 비참했다고 회고했다. 다른 사람이 보기에도 며칠 동안 움직이지 못했고, 말을 할 수 없을 정도로 목이 부었으며, 그런 모습은 꼭 동물이 상처를 입고 소리를 내지 않는 것과 비슷했지만, 그래서 주변 환경에 온전히 참여하고 있지 않다고 느낄 정도였지만, 헤딘은 정신을 놓지 않았다.[14] 동료들은 절대적인 휴식을 취해야 한다고 말했지만, 그는 단호하게 거부했다. 탐험의 쾌락에는 대가가 따르고, 거기에 따르는 고통은 그 원인이 된 쾌락보다 더 오래간다는 사실을 알았지만, 헤딘은 멈추지 않았다. 그에게 즐거운 자극, 즉 탐험이 반복될수록 쾌락을 경험하는 기준점은 높아졌기 때문이었다. 고통의 교훈보다는 마음에 박힌 희열을 반복하고 싶었기 때문이었다.

헤딘은 어린 시절, 대체로 독학에 가까운 취미와 공부를 했다. 그는 미술에 이끌렸고, 타고난 취향이 그의 조언자이자 스승이 되었다. 그는 회화나 조각 외에도 문학을 사랑했다. 그는 취향의 안내자들이 결정하는 규칙보다는 자신의 성향에 따라 글을 읽어나가며 자신만의 길을 만들었다. 하지만 모든 예술 가운데 그의 마음에서 가장 높은 자리를 차지

하고 있던 것은 음악이었다. 그가 살면서 가장 후회한 것은 피아노나 바이올린을 연주하는 방법을 배워본 적이 없다는 것이었다. 어린 시절 내내 이리저리 옮겨 다니며 살았기에 그는 정기적으로 '레슨'이라는 걸 받을 수 없었고, 악기를 연습하는 데 도움이 되는 환경에 있었던 적도 거의 없었다. 그래서인지 그는 탐험의 세계에서 발견의 기쁨을 맛보았고, 지도 제작의 성취를 경험했으며, 그렇다면 다른 사람들도 자신이 본 그 아름다움을 볼 수 있게 하는 것을 일생의 사명으로 삼는 것이 옳다고 생각했다. 1897년 카슈가르로 돌아온 헤딘은 새로운 측량기를 구입하고 같이 갈 일행을 꾸린 뒤 다시 출발한다. 21일 동안 약 500킬로미터를 걸어 호탄에 도착한 헤딘은 그곳에서 특별한 광경을 목격하고 감격해한다.

> 여름이면 산에서 눈 녹은 물이 흘러내려 이 지역의 강들이 범람했는데 그때 황토가 씻겨 내려가면서 묻혀 있던 유물들이 모습을 드러냈다. 사람들은 앞 다투어 줍곤 했고 금이나 은이 채집되기도 했다. 공기는 적대적인 느낌이 없었고 고요함이 충만했다.[15]

헤딘의 탐사 여정에서 가장 감동적인 성취를 이룬 시기는 1899년에서 1902년 사이에 이루어진 두 번째 시기다. 헤딘은 이 무렵 타클라마칸사막과 신장 지역을 집중적으로 탐사했는데 사막에서 물을 구하다가 우연히 발견한 고대 도시 누란은 그야말로 그의 탐험 인생에서 최고의 행운이자 성취라고 할 만하다.[16]

1899년 9월, 사막을 헤집고 다니던 헤딘은 분홍빛 노을이 하늘을 덮을 무렵 모래 위로 삐죽이 솟은 나무 기둥들을 발견했다.

합리적 사고가 정지된 사막에서 나는 가장 의심스럽게 포장된 그곳을 발견했다. 곧장 파고 내려갔다. 잠시 후, 깜짝 놀랄 만한 풍경이 드러났다. 모래 아래 그곳에는 고대 가옥뿐 아니라 정원과 포플러 가로수 길의 흔적이 보였다. 살구나무와 (오얏)나무의 그루터기도 발견됐다. 20센티미터 높이의 기묘한 석고상들도 보였는데 뒤쪽이 평평한 것으로 보아 벽에 걸려 있던 장식용으로 보였다. 날아갈 듯한 의상을 입은 여인들을 그린 벽화를 보고 나는 눈물이 나올 뻔했다.[17]

꿈속에서 감정을 느낀다는 것이, 어쩌면 이런 것일까? 헤딘은 그동안 느껴보지 못한 벅찬 감정을 마음껏 맛보며 자신이 탐험가가 된 것을 자랑스러웠다. 그리고 감정은 인간을 가장 인간답게 만드는 요소라고 생각했다. 헤딘이 모래 밑에서 발견한 유적과 흔적은 고대 도시 누란의 터전이었다.

사막 아래,

미라의 발견.

무엇도 반짝거리지 않았지만, 사방의 모든 것이 희미한 빛을 냈다. 고요히 잠든 고대 여인들의 머리채는 틀어 올려서 그 끝이 검은 매듭으로 묶여 있었고, 눈썹을 일직선으로 그린 것과 코 뿌리 위의 동그란 점이 함께 보였는데, 그건 힌두교도의 풍습이 아닌가 생각되었는데 내가 가만히 고개를 숙여 들여다보니 뺨에선 혈관이 맥동하는 것처럼 보였다. 모래 속에서 발굴해낸 가옥 중에서 어떤 집은 문이 활짝 열린 상태였다. 내가 보기에 천오백 년 전, 이 고대 도시의 마지막 거주자가 집을 떠난 후의 모습 그대로가 아닌가 짐작되었다. 공기 중에 떠도는 소리에는 촉각적인 특성이 있었고, 나는 나 자신이 내는 그 어떤 청각적인 것으로도, 이 공간을 더럽히지 않으려고 최선을 다했다.[18]

그곳에서 완벽에 가까운 미라를 발견하고 헤딘은 생각한다. 아마도 오래전 이곳은 투명한 강물이 흐르고 숲과 나무가 있었고 싱그러운 열매와 거대한 코끼리도 있었을 것이다. 이곳을 통해 서역으로 나가거나 안으로 들어오는 사람들은 이곳에서 머물렀을 것이다. 상인이나 여행객들은 물을 마셔야 했고 정보를 교환해야 했고 휴식을 취해야 했기 때문이다. 로프노르 호수의 이동이 사실이라면 그것이, 물의 이동과 사라짐이 어쩌면 고대 도시의 멸망을 부추겼을 것이다.

헤딘이 누란 유적에서 수십 점의 고사본, 그중에서도 특히 3세기 것으로 추정되는 귀중한 문서들을 발견한 것은 그에게는 대단한 보물이었지만 중국의 고고학자들로서는 수치스러운 사건에 가까웠다. 고대 도시의 생활상을 추적할 수 있을 정도로 상세하고 완벽하게 묘사한 문헌들이 유럽으로 들어갔기 때문이다.[19] 헤딘이 발굴한 대량의 목간木簡, 지편紙片, 벽화를 통해 고대 도시의 일상과 동서양의 교류가 밝혀졌으며 이 발견을 계기로 헤딘은 스웨덴의 오스카르 국왕의 금 훈장과 백만장자 임마누엘 노벨의 재정적 후원까지 받게 된다. 물질적 지원과 격려에 고무된 헤딘은 티베트고원으로 향한다. 이제 헤딘의 목표는 하늘 도시 라싸에 도착하는 것이었다. 그는 순례자로 위장하고 쿤룬산맥을 넘어 하늘과 가장 가까운 곳으로 향했다. 진정한 순례자들과 비슷해 보일 정도로 초췌해지는 행색에 성공한 헤딘이었지만 강도를 만나고 우기에 잔뜩 물이 불어난 강에 빠져 죽을 뻔한 위험은 피할 수 없었다.

숨이 막혔지만 나는 그곳을 향해 걸음을 멈추지 않았다. 영하 30도와 영상 40도의 기후를 맛보았으며 죽음의 문턱까지 몇 번이나 갔다 온 듯한 느낌이 들었다. 정체를 알 수 없는 원주민들에게 두 번이나 포로로 잡혔고 강도와 들짐승의 공격에 정신을 차릴 수가 없었다.[20]

높이를 측정할 수 없는 고원에서 정연하게 쌓여 올린 돌무더기를 발견한 헤딘은 고개를 숙이고 혼잣말을 했다.[21]

오. 저 하늘의 붙박이별들을 다 꼽아보려면 이 지구상의 손가락들이 모두 필요할지도 모르겠다. 나는 지금 '오보'를 지나간다. 그것은 길이 120~150센티미터쯤 되는 50여 개의 얇은 널빤지 모양의 녹색 점판암들로 이루어졌는데, 끝부분에 잇대어 포개진 채 덮개가 씌워져 있었다. 각각의 점판암에는 티베트어로 성스러운 글자가 더할 나위 없이 정성스럽게 새겨져 있었다.

그때 맨발로 자신의 옆구리를 스쳐 걸어가는 순례자들을 만났다. 헤딘은 그들의 등에 대고 물었다.

헤딘 어디로 가는 건가요?
순례자 남 성스러운 얼음산이오.

헤딘 그곳은 어디인가요?

순례자 여 카일라스요.

그 말만 하고 더 이상의 설명도 주장도 없이 그들은 앞으로 나아갔다. 그들의 몸은 실체감과 무게가 빠져나간 듯 보였다. 헤딘은 그들이 말한 얼음산이 보고 싶었다. 순례자들을 뒤쫓았다. 몇 달 만에 도착한 그곳에는 맑은 수정을 닮은 거대한 얼음산이 있었다. 순례자들은 얼음산 주위를 산책하며 동서남북 기슭에 자리 잡은 네 개의 붉은 사원을 향해 참배 의식을 하고 있었다.

> 네 발자국 걷고 한 번 엎드린다.
> 밤이 올 때까지 얼음산 주위를 돈다.
> 수척하고 가련한 모습.
> 그들의 믿음은 경탄할 정도다.

거대한 강의 굉음과 맹위를 떨치는 눈보라의 윙윙거림과 붓다를 찬미하는 사원의 노래들을 듣는다. 아, 끝없는 아시아, 신비스러운 티베트가 저 너머에 펼쳐진 채 나를 기다리고 있다. 지금 이 순간 내 머리는 마치 대장간 같다.[22]

티베트를 향한 고원의 여정, 누구나 그렇지만 그에게도 질병이 찾아왔다. 기나긴 외로움과 침묵에 가까운 고독으로 이어진 그 병의 첫 증상은 끊임없는 피로였다. 간이침대를 만들어 허리에 무리를 주지 않고 제법 영양가 높은 식사를 했지만, 아무리 먹고 쉬어도 헤딘은 원기를 회복하지 못했다. 두통과 현기증을 참아내며 인내심을 발휘하던 헤딘이 더 이상 전진하지 못하고 철수해야 할 상황이 발생하기도 했다. 어느 날 늪 같은 강을 건너려 할 때, 야성적인 눈초리를 하고 있던 원주민들을 만난 것이다.

강가의 우리는 아직 햇빛을 받고 있었지만, 강의 너머는 이미 모두 어둠에 잠겼고, 공터와 나란히 흐르는 강의 유역은 고요하고도 찬란한 빛으로 반짝였다. 강굽이는 어둑하니 그늘져 있었다. 강변에는 한 사람도 보이지 않았고 숲 또한 바스락거리지도 않았다. 내가 주변을 가늠하는 사이, 그때, 한 무리의 사나이들이 마치 땅속에서 솟아나듯 나타났다. 밀집 대형을 이루며 그들은 허리까지 잠기는 풀 속을 가르며 온 것 같았다. 그러곤 곧바로 그 땅의 중심부를 향해 날아가는 예리한 화살처럼 고요한 허공을 가로지르는 날카로운 외침이 그곳의 공허한 풍경 속에서 솟아올랐고, 마치 마법이라도 부린 듯 창과 활을 들고, 방패를 쥐고, 야성적인 눈초리를 하고, 야만적으로 움직이는 사람들이 보였는데, 그들은 거의 벌거벗은 몸으로, 애수에 잠긴 표정으로 나를 향해 물처럼 흘러 들어왔다. 나는 하늘에 경청하는 자세로 조용히 서 있었다. 그들은 저만치 멀리 떨어져서 자기들끼리 무언가를 수군거리는 거 같았다. 다행히 우리에게는 망원경이 있었다. 야윈 팔이 명령하듯 뻗치고, 아래턱이 미세하게 움직이며 아래위로 기괴하게 끄덕이는, 뼈만 남은 머리통 깊숙이에서 유령 같은 자의 눈이 음산하게 빛나는 것을 볼 수 있었는데 그건 아무래도 우리가 강을 건너면 그대로 두지 않겠다는 경고 같았다. 내가 손을 들어 일행에게 움직이지 말라는 신호를 주었는데, 그때 방금 망원경으로 보았던 그 사람이 그를 덮고 있던 망토를 떨치고 움직였는데 그때 순간 보였던 그의 몸은 처참하고 소름 끼치는 모습이었다. 그의 갈빗대가 온통 떨리고, 뼈만 남은 앙상한 팔이 움직이는 것이 보였다. 그리곤 그가 우리를 향해 고함을 연신 질렀는데 알아들을 수가 없었다. 일행 중에 그 말을 알아들을 수 있는 짐꾼이 있어 물어보았더니, 여기서 돌아가라는 말이었다. 나와 일행은 그 자리에서 오랫동안 서 있다가 결국은 짐을 꾸려 되돌아올 수밖에 없었다. 지금도 생각하면 그때, 입을 크게 벌려 나에게 고함을 지른 그 사람의 행동은 자기 앞의 서 있는 나와 일행들을 향해 모든 대기와 함께 삼켜버리겠다는 것처럼 기괴하고도 무서운 인상이었다.

4. 시가체

1906년, 41세의 나이에 헤딘은 세 번째 중앙아시아 탐험(1906~1908)에 나선다. 이번에도 그의 최종 목적은 티베트 라싸에 들어가서 지도를 그리는 것이었다. 그해 여름(8월 21일), '아카사이 친Akasai Chin'이라고 알려진 고원을 가로지른 헤딘은 동남쪽으로 방향을 잡는다. 소금 호수가 있는 분지를 지나고 얄룽창포강 북쪽에 도착한 헤딘은 그곳의 주요 지형과 산맥을 조사한다. 그림을 그리고 지도를 만든다. 그리고 몇 개의 산과 산맥, 고원을 넘어서자 멀리서도 보이는 거대한 금빛 지붕을 발견한다. 그곳은 시가체라는 마을이었고 판첸 라마의 은둔지였다. '고향의 재'라는 뜻을 가진 마을은 커다란 원형극장 같았다.

헤딘은 화려한 도시나 그 주변에는 거의 관심을 기울이지 않았다.

오히려 허술한 마을에서 마주친, 붉은 진흙을 바른 벽토를 보면서 거기서 나오는 고요함에서 다정함을 느꼈다. 그곳에서 헤딘은 조용히 걸으며 한쪽 발을 부드럽게 끌었다. 목덜미가 얼얼해지는 서늘함을 느끼고 싶어서였다. 마을의 안쪽으로 들어갔다.

1907년 새해.

사원 입구.

마을 사람들이 모여들었다. 저마다 들뜬 안색이었다. 겨울의 끝과 봄을 기대하는 표정들이었다. 손에는 저마다 흰 천을 들고 있었다. 사원 입구에서는 붉은 옷을 입은 라마승들이 곳곳을 청소하고 있었다. 그들 중 몇 명은 소라 모양의 뿔을 들고 있었는데, 물어보니, 나팔이라고 했다.[23]

엄마로부터 글쓰기를 그리고 틀림없는 직관력을 일부 전해준 아버지의 지적 유산은 헤딘에게 늘 일기장과 스케치북을 갖고 다니는 습관을 만들어주었다. 그는 기민한 눈초리로 사소하기 그지없는 정황들을 살펴며 구체적인 흔적을 남기기를 좋아했다. 마을 뒷골목, 사원의 안뜰, 라마들의 모습, 언덕 위의 야크와 양, 깨끗한 구름을 그림으로 그리고 인상을 글로 남겼다. 헤딘은 글보다는 그림이 자신의 기억이나 감정을 표현하는 데 더 적합하다고 생각했다.

마을 풍경을 그리는 헤딘.

그림 뒷장에 쓴 글.

헤딘은 판첸 라마의 은둔지였던 마을 시가체에서 새해를 맞았다.

이곳 사람들은 돈보다는 야크 똥이, 총보다는 불교 경전이, 화약과 탄환
보다는 손에 들고 다니는 마니차를 더 소중히 여긴다. 사람들은 으르렁
거리는 소리도 욕도 하지 않는다. 곤충과 벌레가 귀에서 알을 낳아도 불
평하지 않으며, 아프지도 늙지도 않아 보인다. 유목민들과 농민들은 하루
를 만족하며 지혜를 찾고자 사원을 들락거린다. 엄격한 처벌은 없으며
판결을 내려줄 만한 사람도 보이지 않는다. 혀가 부어오를 때까지 빌 일
도 없어 보인다. 단지 설산에서 내려오는 바람 소리와 그 소리에 실린 냄
새만이 가득할 뿐이다. 촉촉한 땅을 보면 그리움이 몰려오고 사원을 바
라보면 심장이 뛴다.

한번은 보라색 노을로 물들어가는 사원 앞에서 등을 보이고 서 있는
사람을 목격했다. 헤딘은 다가갔다. 저만치서 보았을 때, 굽은 등은 분

명 노인이었는데, 다가가서 보니 얼굴은 소년이었다. 머리가 짧았고 목 주변은 햇빛에 그을려 있었다. 어른 흉내를 낸 듯이 크기도 맞지 않는 바지를 발목까지 돌돌 말아 입었고 가랑이 부분이 축 쳐져 있었다.

헤딘 꼬마야, 뭘 보고 있니?

아이 구름이요.

헤딘 왜지?

아이 구름에 야크가 있어요.

아이의 두 뺨은 태양을 정면으로 맞은 것처럼 붉었다. 아이가 들으라는 듯이 혼잣말을 크게 한다.

아이 사람들은 혼란과 소요 속에서 이득을 얻는다고 생각하죠. 난, 그렇게 생각하지 않아요. 우리는 그저, 자연을 지키는 근원적인 힘을 알아가기 위해 태어난 것뿐이죠.

헤딘은 사원 안으로 들어섰다. 밖에서 볼 때는 몰랐는데 안에 들어서니 사원은 넓고 조용했다. 붉은색을 바른 돌과 흰색의 담벼락 창문에 나풀거리는 천과 그 천에 새겨진 동물 모양을 보며 헤딘은 생각했다. "저건, 야크인가? 사슴인가?" 야크와 사슴의 중간 형태를 띠고 있는 문양을 바라보며 헤딘은 사원 안을 산책했다. 작은 방들이 양의 창자처럼 구불구불 이어져 있었다. 방을 지탱하는 기둥에는 ⽥ 자가 그려져 있다. 문을 열고 안을 들여다보니 빨간 망토를 두르고 노랑 모자를 쓴 사람들이 모여 있었는데, 그들은 원을 이루듯 둘러앉아 소리를 내고 있었다. 책을 읽는 모양이었는데 목소리가 어우러져 창문이 흔들릴 정도였다. "저걸 수행이라고 하는 건가?" 헤딘은 가만히 서서 그들을 그렸다. 그들은 같은 목소리로, 같은 내용을 외우고, 토시 하나도 틀리지 않고 읊었다. 그들이 외우는 모습은 묘기 같이 보였는데 그 묘기에는 정신적 곡예가 포함되어 있었고, 그 묘기가 끝나면 바로 휘파람을 불며 환호를 보내며 박수까지 보내주어야 할 거 같았다.

며칠이 지나자, 소문이 돌았는지 마을의 추장으로 여겨지는 노인이 헤딘을 찾아왔다. 노인은 붉은 차와 노란 떡을 내밀며 물었다.

노인 이곳은 무슨 일인가?
헤딘 길을 잃었습니다.

나뭇잎에 쌓인,

작은 알갱이를 씹는 노인.

노인 어디로 가는 길이었지?
헤딘 라싸요.

빤히 쳐다보는 노인.

딴청을 부리는 헤딘.

노인 당신은 누구인가?

헤딘 저는 새로운 길을 걷는 사람입니다.

노인 아니, 그거 말고, 당신은 누구인가, 말이야?

침묵하는 헤딘.

노인의 진지한 끄덕임, 찡그린 이마, 한숨.

노인 당신이 보는 것은 당신을 드러내지만, 당신이 보지 못하는 것이 당신을 만들어냈어.

헤딘 무슨 말씀입니까?

알아듣지 못하는 헤딘.

엄숙한 얼굴의 노인.

노인 그러니까 당신이 보는 것이 당신을 드러내는 것이 아니고 당신이 지금까지 하지 않는 거, 당신이 지금까지 보지 못한 것이 너의 형태를 만들었단 말이야. 즉 당신이 하지 않기로 한 것이 그대를 만들어낸다. 이 말이야. 내 말은.

헤딘 어렵습니다.

노인 동경하고 상상하는 꿈이 현실이 되는 법을 알려줄까?

헤딘 네. 알고 싶어요.

노인 자연 속에서 사는 거야.

헤딘 그렇게 살고 있습니다.

노인 아니, 이치대로 살란 말이지.

헤딘 전, 욕심을 낸 적이 없습니다.

노인 가장 빠른 것이 가장 안전하다네.

헤딘 빠르면 위험하지 않나요?

노인 아니. 사자나 호랑이가 먹이를 잡을 때를 생각해 봐.

헤딘 노련하지요.

노인의 혼잣말. ― 애송이군.

혼잣말을 엿들은 헤딘.

노인 빠른 것이 멈추기도 잘한다오. 그래서 강한 거야.

헤딘 그럴까요?

노인 당신의 단점은 무엇이오?

헤딘 탐험에 중독돼 있습니다.

노인 표범의 무늬는 계절마다 바뀌오. 아시오?

헤딘 모릅니다.

노인 맞을 게요. 표범을 만나거든 물어보시오.

헤딘 네.

노인 거기에 답이 있소.

헤딘 뭐가요?

노인 표범의 무늬가 계절마다 바뀌는 이유를 알면, 당신의 꿈을 이룰 수 있소.

헤딘 알겠습니다.

노인 좋소. 당신의 열정, 몰입, 중독은 어디에서 온다고 생각하오?

헤딘 마음입니다.

노인 아닐 거요.

헤딘 그럼요?

노인 치루는 비용보다 이득이 있다고 판단한 거 아니요?

헤딘 이득이요?

노인 맞을 거요. 거짓말은 하지 않는 게 좋아요.

헤딘 네.

노인 인간은 허무맹랑한 꿈을 가지고 있소.

헤딘 그게 없으면 어떻게 살지요?

노인 염치가 없군.

판첸 라마가 사는 마을에서 마음과 정신이 평화로움을 느낀 헤딘은 그곳으로부터 동쪽으로 240킬로미터에 있는 라싸를 금방 갈 것만 같았다. 하지만 이번에도 헤딘은 라싸까지 나아가지 못한다. 1907년 11월 26일, 헤딘은 라다크로 돌아온다. 티베트에 대한 도전은 거기까지였다. 헤딘은 지도에 광적인 사람이었다. 그는 인더스강의 수원을 확인했고 중앙아시아의 사막과 서역으로 통하는 도시들도 탐사에 성공했다. 우랄산맥, 파미르고원, 티베트고원을 거쳐 베이징에 이르는 광활한 지역을 돌아보았다. 그곳들의 지형과 산맥, 호수와 산, 갈림길과 샛길을 그림과 도표, 점과 선으로 연결해놓았다. 그의 지도에는 라싸만 남았다. 헤딘은 그곳을 지도에 꼭 넣고 싶었다. 하지만 62세의 나이에 도전한 4차 탐사에서도 라싸에는 가지 못했다. 그는 동시대를 주름잡았던 아문센(1872~1928)이나 어니스트 새클턴(1874~1922)처럼 조난사하지도 않고, 리빙스턴(1813~1873)처럼 열병에 걸리지도 않은 채, 둘러볼 곳 다 둘러보고, 쓸 것 다 쓰고, 할 말 다 하고 부귀영화를 누리며 87세까지 살았다. 몸을 움직일수록 정신은 고요해진다고 믿었던 헤딘은, 그래서 땀이 나는 권투를 좋아했던 그는 1952년 임종을 맞이했고 스톡홀름 시내의 아돌프 프레데릭 교회에 묻혔다.

5. 환생자와 나눈 이야기

1907년, 가을. 시가체. 타시룬포 사원.

환생자가 산다는 이곳은 외관과 달리 내부는 촘촘했고 텁텁한 공기와 촛농 냄새로 진동했다. 복도와 회랑은 짐승의 창자처럼 구불구불했고 허리를 숙여야 통과할 수 있는 통로들이 사방으로 이어져 있었다. 마치 방랑을 권장하는 듯, 사원 내부는 하나의 촘촘한 원을 그리며 안으로 계속 향하고 있는 듯했다.

환생자 환영합니다.

해맑은 표정으로 반기는 환생자.
준비한 선물을 내미는 헤딘.

환생자 이런 건 처음 봐요.
헤딘 그건, 나침반이라는 겁니다. 그걸 손바닥에 올려놓으면 방향을 잡을 수 있습니다. 동서남북을 알 수 있습니다.

시종에게 손짓하는 환생자.
두루마리 종이를 가져오는 시종.

헤딘 이건 달력인가요?

환생자 맞습니다. 땅은 측정할 수 있고 숫자로 자리매김할 수도 있지요. 눈에 보이기 때문입니다. 하지만 하늘은 그게 힘들지요. 저 파랗기도 하고 검은 하늘은 변덕이 심해 도통 알기가 어려워요. 그래서 우리는 오랫동안 하늘을 관찰했답니다. 그리고 이걸 만들었어요. 별과 행성이 움직이는 시간과 순환의 때를 알고 그 변화의 순간이 오면 준비하고 따르려고 말이죠.

달력을 눈에 대고 넘겨보는 헤딘.
처음 맡는 냄새.

환생자 누구나 그랬듯이, 당신은 이곳까지 올라오면서 무척이나 고생했을 겁니다. 포기하고 싶지 않던가요?

헤딘 네. 당연히 포기하려 했습니다.

환생자 몸이 아팠을 겁니다.

헤딘 그랬습니다.

환생자 어디가 제일 불편하던가요?

헤딘 환생자여, 전, 성기라고 말하고 싶습니다.

환생자 그렇게 말하는 사람은 당신이 처음입니다.

헤딘 우선 그것의 특수성과 가치에 대해 말씀드려야 할 거 같습니다.

상기된 헤딘.

눈을 동그랗게 뜨는 환생자.

헤딘 점잖지 못한 내용이지만, 흥미진진한 이야기라 생각됩니다. 아시다
시피 그것은 두 다리 사이에서 쓸쓸하게 숨어 지내다가 어떤 순간 번개
나 천둥을 제대로 맞은 혀처럼 고개를 들기도 하죠. 요술 방망이처럼 말
이죠. 그것은 인간의 몸 중에서 가장 축축하고 습하고 따뜻한 공간에서
숨어 있어야 하는 운명을 타고났습니다.[24]

환생자의 표정을 살피는 헤딘.

긴장한 표정의 환생자.

헤딘 두 개의 고환, 호두알처럼 생긴 그것들은 한통속인 것 같으면서도
서로 딴마음을 품고 있는 두 사람처럼, 하나를 이루는 것 같으면서도 서
로 따로따로인 듯 보이기도 합니다. 길이와 무게는 다른 듯 균형이 맞지
않게 늘어져 있습니다. 허벅지 사이 안쪽, 엉덩이 앞쪽에 교묘히 숨어 있
는 두 개의 알. 왜 그것들은 성기를 가운데 두고 양쪽에 있는 걸까요?

생각하는 환생자.

말을 이어가는 헤딘.

헤딘 그것이 할 수 있는 의미 있는 기능에 비해 늘 시무룩한 모양새를 하고 있는 그래서 무시당하는 느낌이 들 수도 있을 텐데 말이죠. 인간의 성기는 고환이 감정을 느껴야만 움직이도록 설계되어 있습니다. 그러니까 고환이 분노하거나 화를 내며 기지개를 틀어야 비로소 그것은 명령을 받은 군인처럼 움직이는 것입니다. 어찌 보면 고환은 성기 뒤에 숨어서 지령을 내리는 감각기관의 총괄을 담당하고 있는 듯하지만 실은 혼이 숨어 있는 장소인지도 모른다는 생각이 듭니다. 그런데 고환은 왜 두 개일까요? 눈알, 다리, 팔, 신장 등과 같이 말이죠.

환생자 글쎄요.

헤딘 그건 아마도 너무도 중요해서 하나라도 불상사가 나면 다른 쪽이 그 불상사를 대리할 수 있는 대체 능력을 준 게 아닐까, 저는 그렇게 생각합니다. 우리의 몸에 같은 모양과 기능이 두 개씩 달린 것은 다 그만한 이유가 있을 거란 생각이 든단 말이죠. 눈, 귀, 팔, 다리, 콧구멍을 보세요. 그게 하나라면 얼마나 불안할까요? 아무튼 저는 인간이 기분을 내고 화를 내고 풀이 죽은 것은 그 사람의 마음 때문이 아니라 어쩌면 성기와 그 뒤에 숨어 있는 두 개의 존재, 그것들의 감정에 따라 달라지는 어떤 명령 때문 아닌가 하는 생각을 합니다.

환생자 그곳에 영혼이 들어 있다고 말한 사람은 당신이 처음입니다.

헤딘 환생자여, 저는 말이죠. 인간에게 가장 중요한 것은 머리나 눈, 코나 발보다는 성기와 그 뒤에 숨어 있는 두 개의 고환이라는 생각을 줄곧 해왔습니다. 왜냐하면 그 안에는 새로운 생명을 잉태할 수 있는 정액이 가득 차 있으며 그것의 명령에 따라 감정이 고양되어 소박한 가정을 이룰 수도 있기 때문입니다. 환생자여, 저는 팔 또는 다리가 불운하게 사고를

당해 잘려도, 눈이 보이지 않아도, 귀가 들리지 않아도 몸의 그곳만 온전
하다면 결혼도 하고 가정을 꾸릴 수 있다고 생각합니다. 난쟁이나 거인
도 자식을 낳는 경우를 보았습니다. 생명의 탄생보다 소중한 것은 없다
고 생각합니다.

혜딘의 장황한 이야기가 끝나자 환생자는 사원 내부를 구경시켜주
었다. 구불구불한 복도와 계단이 사방으로 뻗쳐 있었고 수백 개의 방이
연결되어 있었으며 불상, 벽화, 경전 등이 벽과 천장에 빼곡했다. 전기,
빛, 음악, 빵, 커피, 쿠키, 소파는 없었다. 밖은 태양의 열기로 뜨거웠지
만 안은 어둡고 시원했다.

환생자 당신은 몸에서 가장 소중한 존재와 그것이 숨어 있는 곳을 이야기
했습니다.

혜딘 무례한 이야기였을까요?

환생자 이제는 내가 스승님께 들은 몸에서 가장 소중한 존재와 그곳이 숨
어 지내는 곳을 이야기하려 합니다.

혜딘 듣겠습니다.

환생자 뼈, 이야기를 하겠습니다.

혜딘 뼈요?

환생자 네. 인간의 몸속에 숨어 있는 뼈. 그 뼈 말입니다.

혜딘 왜일까요?

환생자 뼈는 인간의 근육이나 피부를 떠받치고 있는 기둥과 같습니다. 하
지만 사람들은 겉으로 드러나는 피부나 얼굴색만을 중요하게 여기는 경

향이 있어요.

헤딘 그렇긴 하지요.

환생자 무엇보다도 뼈는 죽음 이후에도 볼 수 있습니다. 그리고…

헤딘 그리고요?

환생자 뼈 안에 영혼이 있다는 겁니다.

헤딘, 의구심에 찬 표정.

환생자, 활력 있는 눈동자.

헤딘 환생자여, 묻겠습니다. 영혼은 왜 심장도 아니고 허파도 아니고 뼈
에 숨어 있는 걸까요?

환생자 스승님께 물어본 적이 있습니다.

헤딘 뭐라고 하던가요?

환생자 스승님의 이야기는 이랬어요.

녹색의 호수.

호수 옆의 바위.

바위 위에 앉은 환생자.

맞은편에 앉은 스승.

저 하늘 밖의 세상은 어떤 소리와 냄새로 가득할까? 어떤 행성과 공기로

가득할까? 알 수 없단다. 우주의 탄생은 누구도 알지 못하지. 어느 날, 우주에서 작지만 선명한 빛이 지구로 들어왔어. 소리를 내면서 말이지. 옴, 이라는 소리였다. 우리가 사는 지구에 들어온 옴은 어디로 갈지 몰라 당황했지. 바다, 초원, 평원, 산맥, 사막, 빙하, 설산, 모두 마음에 들지 않았어. 어느 날, 옴은 바다에서 솟구치는 산맥들을 발견했어. 대단했지. 그 산맥들은 히말라야로 불렸어. 옴은 그곳에 인간들이 모여 있는 것을 보았다. 인간들은 바다에서 올라온 땅을 보고 '링'이라고 이름을 지어주었지.

구름이 내려와 이야기를 듣는다. 환생자는 구름을 안아준다. 스승의 이야기는 이어진다.

링에는 인간 외에도 동물, 식물, 벌레, 곤충 등이 함께 살았는데 서로가 표정과 눈동자로 이야기했단다. 인간만이 할 수 있는 언어는 그때 없었어. 어느 날, 사슴이 물었어. 넌, 누구니? 처음 보는데. 응, 나는 옴이야. 반가워. 인간이 끼어들었지. 그러니까, 너는 뭐냐고? 너의 정체를 말하란 말이야. 옴은 다정하게 대답했단다. 나는 너희들과 같은 존재야. 숨을 쉬고 소리를 내지. 공작새가 물었다. 이곳에서 우리랑 같이 살 거니? 옴은 대답했어. 응. 그럴 생각이야. 일 년 후. 옴은 사라졌지. 동물들은 옴이 어디론가 떠났다고 여겼지. 옴은 사실 인간의 몸으로 들어갔단다. 옴은 왜, 인간이었을까?

환생자가 생각에 잠긴다. 새가 내려와 구름 위에 앉는다.

옴은 인간을 따라다니며 알아낸 게 있었지. 인간은 동물이나 벌레들과는 다른 특별함이 있다는 것을 말이야. 그게 뭘까?

바람이 구름 위에 앉는다. 스승의 이야기가 이어진다.

옴은 관찰하고 발견했어. 인간은 상상을 초월할 만큼 땀을 많이 흘린다는 것을, 인간은 돌이나 창을 던졌는데 정확하다는 것을, 인간은 오래 걸을 수 있다는 것을, 인간은 기억할 줄 안다는 것을, 인간은 감정을 고양할 줄 안다는 것을, 인간은 배움을 추구한다는 것을, 인간은 손가락 힘이 대단하다는 것을, 인간은 아이나 나이 많은 사람을 먼저 배려한다는 것을, 인간은 기분이나 느낌을 중요시한다는 것을, 인간은 자신의 몸을 새에게 준다는 것을. 옴은 결정했지. 인간의 몸이 숨기에는 제일 좋은 장소라고 생각했어.

환생자는 스승의 얼굴을 바라본다. 스승은 미소 짓는다.

뼈로 들어갔단다. 왜 뼈일까? 인간의 뼈, 그곳은 피나 물보다는 단단하다는 것을, 몸을 받쳐주고 허리를 세워준다는 것을, 무엇보다 인간의 몸 안에는 뼈가 너무 많다는 것을, 얼굴에는 뼈가 14개나 되고 머리에서 발가락까지 모두 뼈를 가지고 있고 그걸 다 합치면 무려 260개나 되고 그건 근육이 많다는 걸 의미하기도 하고 그곳으로 숨으면 찾기 힘들다는 것을, 인간의 모든 움직임은 뼈로부터 시작하고 근육과 피부는 뼈의 지지를 받고 존재한다는 것을, 뼈만큼 안정하고 확실한 보금자리도 없다는 것을 옴은 알아챘단다. 옴은 오랜 관찰 끝에 그걸 알아내고 자신의 몸을 숨기기에 그만큼 좋은 장소도 없다고 생각한 거지. 인간이 죽으면 근육과 피부는 부패 되거나 사라지지만 뼈는 남는다는 것을 안 거야. 그럼, 옴은 몸의 수많은 뼈 중에서 어디로 들어갔을까? 옴은 목뼈 안으로 들어갔단다.

고개를 갸우뚱하는 환생자.

자신의 목을 만지는 스승.

목뼈, 그곳은 소리를 책임지는 공간이란다. 옴은 거기로 들어가 숨었지.

환생자 스승님은 여기까지 말씀해주시고 침묵하셨죠.

헤딘 뼈가 중요하다는 이야기군요.

환생자 나는 어려서부터 경전 읽기를 훈련해왔어요. 하루는 내가 너무 무료하고 답답해서 스승님께 물었죠.

환생자 스승님, 왜 이걸 맨날 마주 보고 읽어야 하죠?

스승 그건, 보이지 않는 생명체들을 위해서다. 목소리를 통해 소리를 낸다는 건, 좋은 문장과 경전을 읽는다는 건, 나를 위해서이기도 하지만 잡히지 않는 것들과 보이지 않는 것들, 이를테면 공기, 바람, 빗물, 버섯, 냄새, 연기, 먼지, 구름, 별, 태양, 이슬 같은 것들을 위한 것이기도 하다.

환생자 왜, 그래야 하죠?

스승 좋은 경구는 그들에게도 유용하기 때문이다. 그들에게도 코와 귀가 있음을 알아야 한다. 숨을 쉬는 틈이나 구멍이 있다는 이야기다. 그러므로 훌륭한 진언이나 경구를 들려주면 그들도 좋아한다. 세상은 인간들만 사는 것이 아니기 때문이다.

환생자 예.

스승 나와 너, 우리가 마주 앉아서 매일 소리 내어 책을 읽는 것은, 태초의 스승을 찾아가는 과정이란다. 나도 예전에 너와 마찬가지로 매일 스승님을 찾아간 적이 있단다. 그리고 그곳에서 스승님의 얼굴을 보며 소리 내어 책을 따라 읽었지. 온종일 말이다. 어지럽고 구토가 날 지경이었지만 시간이 지날수록 나의 표정과 손짓, 호흡과 리듬, 소리의 높낮이와 성조 그 모든 것은 변해갔단다. 앞에 앉은 스승님과 같은 표정, 손짓, 몸짓, 호흡, 숨 쉬는 리듬 심지어 뺨에 골이 파이는 깊이까지도 말이다.

스승이 말을 멈춘다. 공기도 숨을 멈춘다.

스승 그럼 나의 스승님은 누구에게 책 읽기를 배우셨을까?

고요.

생각하는 환생자.

스승 그래, 바로 그거다. 매일 소리 내어 책을 읽는 이유는 태초의 스승님을 찾아가는 과정이다. 태초의 소리를 추적하는 것이지. 뼈로 숨어 들어간 옴을 불러내는 유일한 방법이다.

이야기가 끝나자 환생자는 아이의 표정을 지었다. 헤딘은 아이의 얼굴을 바라보며, 이 아이의 스승을 생각했다. 뼈와 소리를 생각했다.

헤딘은 자신이 가져온 것들을 바닥에 가지런히 놓았다.

로프. 카라비너. 피켈(쇄빙 도끼). 망치. 구토용 비닐. 담요. 망원경. 지도. 측량기. 시계. 나침판. 줄자. 저울. 눈금이 새겨진 유리컵. 스펀지. 가위. 칼. 목걸이 십자가. 초크. 신호용 거울. 생존 지침서. 빗물받이. 군화. 연결줄. 헬멧.

얼음산. 이곳의 정상에는 신이 산다고 했다. 헤딘은 고개를 들어 고함을 질렀다. "나는 이것들만 있으면 당신의 머리 꼭대기까지 올라갈 수 있소."

신은 화가 났다. 저 오만하고 활력적인 인간의 표정. 마음에 들지 않았다. 왜 인간들은 여길 올라오지 못해 안달인가? 나를 보면 달라지는 것이 있는가? 신은 못마땅한 표정을 짓고 늘 그랬듯이 저주를 내리기 시작한다.

휘파람을 분다.

헤딘의 머리카락과 피부가 벗겨진다.

손가락을 튕긴다.

헤딘의 자신감이 사라진다.

눈 폭풍을 만든다.

헤딘의 목뼈가 부러진다.

모든 것이 사라져도 올라올 수 있는지 보자.

신은 계속한다.

코. 입, 귀, 항문을 틀어막는다.

털을 뽑아버린다.

근육과 뼈를 해체한다.

양파 껍질 벗기듯, 그의 몸을 해부한다.

하지만,

그는 포기하지 않는다.

산악인답게 무릎을 꺾지 않는다.

두 다리에 힘을 준다.

신은 분노가 치민다.

정신과 습관을 제거해야겠군.

호기심과 욕망도 잘라내야겠어.

물론 그가 사랑하는 아내와 아이들도 가만두지 않을 거야.

그건, 내가 준 요소이니까 내 마음대로 해도 괜찮아.

신은 주장한다.

인간은 내가 부여한 원칙과 질서를 받아들여야 해.

나에게 무릎을 꿇고 구걸해야 해.

너희들의 계획과 욕망이 부질없음을,

탄생이 있으면 죽음이 있다는 것을,

내일보다 죽음이 먼저 올 수 있다는 것을,

알아야 해.

그게, 내가 너희들에게 욕망을 준 이유야.

고원에서의 봄은 아직 겨울이다. 4월의 어느 날, 헤딘은 벽난로 냄새가 나는 빙하 아래서 그림을 그리고 있었다. 한 아이가 서 있는 것이 보였다. 아이는 벌거벗고 있었다. 헤딘은 다가가며 물었다.

헤딘 애야, 춥지 않니?

아이 아무렇지도 않아요.

헤딘 뭘 보고 있니?

아이 엄마요.

헤딘 어디에?

아이 저기요.

헤딘 저건, 빙하잖니?

아이 엄마예요.

5

이폴리토 데시데리
Ippolito Desideri, 1684~1733

티베트에서 바람은 빙하의 감정이다.

1. 예수회

17세기 예수회는 세계 전체를 향해, 특히 아시아를 향해 포교와 선교를 실천하겠다고 선포했는데, 사람들은 구원에 정신을 빼앗긴 하루하루가 무슨 의미가 있겠냐며 호응하지 않았다. 자신들에게는 이미 사생활을 장악하는 치명적 신앙의 세계가 존재하기 때문에, 예수회가 주장하는 하느님이 위대할지라도, 사소하지만 영향력이 큰 자신들의 종교에는 위협적이지 않다고 생각했다.

예수회는 좋은 성품을 소유하고, 지적으로 뛰어나며, 육체적으로 강인하고, 헌신적인 인물들만을 사제로 양성했다. 그렇게 선발된 신입 회원들은 빈곤, 정절, 복종이라는 수도원에서 요구하는 서원을 받아들이고 1년 동안 교양 학문을 공부해야 하고 3년 동안 철학을 공부했다. 그리고 다시 4년간 신학을 공부하고 나서야 정식 사제로 서품을 받을 수 있었다. 그리고 또다시 1년간 실천신학, 설교학, 영적 훈련에 몰두하고 2년간의 시험 기간을 통해 자격이 인정되면 교황에 대한 절대 순종을 맹세하는 특별한 약속을 한 후에야 비로소 예수회에 정식 회원으로 가입할 수 있었다. 따라서 예수회는 서구 수도원 최후의 작품으로 평가받았다. 탁월한 조직력, 뛰어난 회원들, 순식간에 이루어지는 연락망,

엄격한 권징, 회원들의 영적 상태에 대한 철저한 관리, 무엇보다도 예수회의 회원들은 거의 탈퇴하는 경우가 없었다. 금욕주의적 성향, 올바른 종교적 지식의 함양, 고상한 차원의 고등교육을 철저하고 엄격하게 강조하는데도 말이다.

세계가 지리의 발견과 무역의 선점에 열광할 때 예수회는 해외 선교에 나서 짧은 기간 내에 괄목할 만한 성과를 이루었다. 이러한 성공의 배경에는 기존의 강압적, 파괴적인 선교방식을 지양하고, 현지의 언어와 문화, 전통을 이해하고 수용하는 예수회 고유의 적응주의 선교방식이 크게 작용했다. 예수회는 선교지역의 언어와 풍습, 종교와 문화, 정치와 경제 등 다방면에 걸친 풍부한 자료를 학문적인 방식으로 접근하고 기록하여 서구세계에 알렸다. 고립적인 중세 수도회와는 달리 개방적 성격의 적응주의를 앞세워 선교 대상의 문화적 우수성을 인정하고 문명의 상호교섭을 일구어냈다. 그러면서 예수회는 기독교를 전파하고 세계 각국의 역사 및 지리에 대한 학구적인 보고서를 유럽에 가져왔다.[1]

18세기 이전까지 유럽 사회에서 중국에 관한 정보는 두 가지 방식으로 유입되었는데, 그 첫 번째 경로는 동인도회사를 통해 수입된 동양 유물을 통한 지식 습득이었고, 두 번째는 중국에 파견된 예수회 선교사들이 보내온 자료를 기반으로 출간된 서적과 지도에 담긴 정보들을 접하는 것이었다.[2] 티베트도 그랬다. 중국을 통해 티베트로 올라간 예수회 사제들은 그곳을 관찰하고, 기록하고, 학습하고, 적응하고, 선교와 사랑을 실천했다. 그리고 자신들의 경험적 보고서와 기록물들을 유럽으로 가져와 세상에 알렸다.

19세기 동서양의 교류가 본격적으로 이루어지자 예수회 선교사들은 선교와 문화교류의 전령사 역할을 담당했다. 그들이 현지에서 작성한 기록과 보고서는 서구사회에서 동양에 대한 시각을 형성하는 데 중요한 역할을 했다. 기존의 연구들에서 동양에 대한 시각과 관련된 논의는 오리엔탈리즘에 머물러 있다면 예수회 선교사들의 경우에는 적응주의를 선교전략으로 삼아서 상대주의적인 문화적 시각을 견지하며 자신들의 사고로 재단하지 않고 있는 그대로 받아들이고 전파했다.

예수회는 항상 기민하고 효율적인 탐사와 포교를 강조해왔으며 유럽인들이 '발견의 시대'라고 부르는 기간에도 탐험가들조차 엄두를 내지 못하는 새로운 공간이나 인종이 발견되면 그곳으로 나아갔다. 간혹 예수회의 사제가 최초의 발견자인 경우도 있었다.[3] 중국에 천주교가 유입된 시기는 1294년 교황청에서 파견된 몬테코르비노(1247~1328) 대주교가 베이징에 도착한 시점을 그 출발점으로 볼 수 있지만, 본격적인 선교활동은 예수회 사제들의 아시아 파견이 시작되면서부터라고 할 수 있다. 당시 예수회는 청빈, 정결, 순명順命의 서약과 함께 교회 내부에서 출세를 추구하지 않는다는 추가적인 맹세를 하고 아시아로 향했다.[4]

1683년 프랑스의 루이 14세는 재상 장바티스트 콜베르(1619~1683)의 건의를 받아들여 중국에 예수회 사제의 파견을 결정한다.[5] 콜베르는 예수회 선교사 여섯 명을 직접 선발했다.[6]

드 퐁타네]Jean de Fontaney, 洪若翰: 선교사 대표. 천문학과 지리학
르 콩트Louis Le Comte, 李明: 예술
제르비용Jean-Francois Gerbillon, 張誠: 제도와 풍습

타샤르Guy Tachard : 종교

부베Joachim Bouvet, 白晉 : 자연사와 의학

비스드루Claude de Visdelou, 劉應 : 역사와 언어

　초기 그들의 임무는 선교보다는 중국의 자연과학을 조사하여 보고
하는 것이었다. 조용하고 은밀한 프로젝트였다. 여섯 명의 예수회 선
교사들은 '궁정 수학자'라는 직책을 임명받았다. 예수회 수사보다는
수학자라는 직책을 쓴 이유는 사연이 있었다.[7] 1680년 프랑스 과학원
의 창설을 주도했던 콜베르는 중국에 예수회 사제를 파견한다는 야심
찬 계획을 세웠지만 1683년 그가 돌연 사망하는 바람에 중단된다. 그
러다가 1684년 중국에서 돌아온 벨기에 출신 예수회 선교사 쿠플레
(1624~1692)가 그해 9월, 루이 14세를 알현하고 중국 선교의 중요성을
다시 언급하자 예수회의 중국 진출은 시급하게 된다. 쿠플레는 국왕에
게 중국 선교의 필요성을 종교와 과학지식의 방면에서 강조했다.[8] 당시
그가 경험한 바에 의하면, 중국은 천문학과 수학이 매우 발달한 나라였
고, 지도 제작에 우월성을 보이고 있었다. 따라서 학문 수준이 높은 예
수회 수사로 구성된 여섯 명을 왕실 수학자로 임명하여 중국의 자연과
학을 관찰하고 관련 기록을 수집해야 한다고 건의한 것이다. 여기에는
당시 중국에서 선교권을 장악하고 있던 포르투갈과의 마찰을 피하기
위한 속셈도 있었다.

　예수회는 사제를 통한 복음의 전파 그리고 하느님의 크나큰 사랑을
알리는 것이 목표였지만 궁정 수학자들의 선례를 보듯이 사실상 선교
외의 모든 영역에서도 책임과 의무가 맡겨졌다. 해야 한다면 그 이유가

무엇인지, 얼마나 빨리 시작할 수 있는지, 또 누구를 파견해야 하는지가 문제일 뿐이었다. 사실 예수회는 속세의 정부로부터 허가를 받을 필요가 없었다. 그들은 교황의 권위를 등에 업고 그들 자신의 자산으로 그들 자신의 원칙에 의해서 행동할 수 있기 때문이다. 비밀스럽기보다는 조용하게만 추진하면 되고 나중에라도 어떤 해명이나 정당화의 필요성도 설명하지 않아도 되었다. 그들은 선교를 평생의 임무라고 생각하는 사제라기보다는 배우기 위해 어디든 떠날 준비가 되어 있는 사람들이었다. 학습과 적응을 통해 하느님의 또 다른 자녀들에 대해 알고 또 사랑하기 위해서였다. 예수회가 세상 밖으로 나간 이유다.

2. 수사들

포르투갈 출신의 예수회 수사 안토니오 데 안드라데(1580~1634)는 중국을 통해 티베트로 들어간 최초의 유럽인으로 알려져 있다.[9] 1624년 3월 31일, 그는 마누엘 마르케스(1596~1630)와 함께 갠지스강 상류에서 중국 서부로 향한다. 걷는다는 것의 고통을 극한대로 경험한 그들은 2년 뒤 아리阿里 지역에 도착했고 찰포랑札布讓이라는 마을로 들어간다. 그곳은 오늘날 구게古格왕국으로 알려진 곳이다. 안드라데가 본 그곳은 황량하기 그지없고 산소가 부족한 고원이었다.

> 이곳은 부탄과 시킴을 경계로 하는 불교왕국이다. 사람들은 해발 5000미터에 살고 있었으며 그들이 믿는 사원도 보였다. 그곳의 가장 높은 언덕

에는 왕과 그의 가족들이 살고 있었는데 사람들은 그곳을 향해 고개를 숙였다.[10]

왕과 만난 안드라데.

왕, 자신보다 아래쪽에서 허리를 숙이고 있는 라마에게.

왕 자신이 지은 죄를 어떻게 해야 하는가?
라마 '옴 마니 밧 메 홈'이라고 내뱉으면 충분합니다.

안드라데를 쳐다보는 왕.

반박하는 안드라데.

안드라데 그렇다면 누군가가 칼로 사람의 심장을 찌르고, 누군가의 보물을 빼앗고, 심한 욕설로 모욕한대도 오직 그 말, 즉 '옴 마니 밧 메 홈'이라고만 말하면 모든 죄를 용서받고 정화되는 건가요?[11]

그날 밤, 안드라데는 마을에서 가장 낮은 언덕에 사는 티베트인 집에 초대되었다. 기회를 봐서, 죄를 짓고 용서를 받는 방법을 설명할 참이었다.

1층, 가축.

2층, 거실.

3층, 예배실.

그들이 모여 있는 거실은 내가 가본 그 어떤 거실보다 훨씬 더 편안해 보였지만 지저분했다. 내가 들어가 서성이니 앉아 있거나 난로에서 주전자를 만지던 사람들이 보였는데, 그중 대부분은 고개를 끄덕이고 반쯤 미소 지으며 내게 아는 체를 했다. 발바닥에 닿는 찬 공기를 느끼며, 처음보는 색으로 짜여진 카펫과 방 안에서 짧게 울리는 웅성거림, 그걸 소리라고 할 수 있을지 모르겠다. 나와 그들은 어색한 표정을 지으며 서로의 시선을 피했는데 오직 한 명만이 나를 뚫어지게 쳐다봤다. 머리를 길게 땋은 것으로 보아 여인이었는데, 그녀는 계절에 맞고 색깔도 조화로울 뿐만 아니라 흠잡을 데 없이 마름질된 적절한 옷을 입고 있는 유일한 사람으로 여겨졌다. 그녀의 얼굴은 다소 두려움을 띠고 있었지만, 완전히 드러내지는 못했다. 잠시 후에 나는 그 이유가 그녀에게 눈썹이 거의 없기 때문이라는 걸 알았다. 내가 자리에 앉고 뜨거운 물을 건네받자, 그녀는 자리에서 일어나 거실을 빙빙 돌아다녔다. 자기가 일어나서 거실을 걸어다닐 수 있다는 걸 과시하는 것만이 유일한 목적인 거 같았다. 자기는 나에게 어떤 위압감이나 신비감을 느끼지 않는다고 그녀는 그렇게 거실을 수없이 행진하다가 내 옆에 앉았다. 내가 고개를 돌려 쳐다보자, 그녀는 어떤 표정을 지으며 입술을 말아 올렸다. 처음 보는 표정이어서 감정을 추측하기 어려웠다. 그러자 거실의 다른 사람들, 형제나 친구들로 보이는 그들은 서로를 보며 웃었다. 누런 이빨이 말의 잇몸처럼 흉하게 보였다.

밤이 깊어지자 안드라데는 3층을 안내받았다. 그곳은 경건한 분위기가 흠뻑 느껴지는 방이었는데, 할아버지 한 분이 나뭇잎을 자신의 몸에 붙이고 있었다. 사실 보기도 전에 냄새로 먼저 알아차렸다. 그 할

아버지의 몸에서는 축사와 건초, 응고된 우유, 축축한 땅, 장작 냄새가
났다.

벽에 그려진 큰 나무.

그 나무에 그려져 있는 사과와 원숭이.

안드라데 나무가 거대하네요. 벽을 다 차지하고 있어요.

할아버지 저 나무 위에 올라가 앉아보세요.

안드라데 저건 그림이잖아요?

할아버지 눈을 감고, 상상을 해봐요.

안드라데 그럼요?

할아버지 나무 안의 물이 뿌리에서 줄기를 타고 올라가는 소리를 들을 수
있을 겁니다.

눈을 감는 안드라데.

할아버지 이곳에 왜 왔소?

안드라데 하느님의 말씀을 전하려고 합니다.

할아버지 그게 이곳에 온 목적이오?

안드라데 죄를 용서받고 천국에 가기 위해서입니다.

못마땅해하는 할아버지.

성경책을 꺼내는 안드라데.

할아버지 당신은 지금 어디에 와 있소?

안드라데 하늘 아래, 여기입니다.

할아버지 당신이 지금 속한 공간과 시간을 벗어나게 해주겠소.

안드라데 지금 당장, 여기를 벗어나게 해준다고요?

할아버지 그건 당신이 가지고 있는 지금까지의 모든 인식과 믿음에서 벗어나야 하오. 먼저 당신이 속한 이 공간을 깨부수어야 하오. 그걸 여기서는 '너를 죽여야 한다'라고 말하는데 저 아래 세상에서는 그걸 반성, 각성, 자각이라고 말하오. 자각이란 내가 나를 내려다보는 것이고 그러려면 '현재의 나'를 벗어나야 하오.

안드라데 어떻게요?

할아버지 그것을 이곳에서는 망아忘我라고 하오. 그러니까 나의 주체성에서 벗어나는 것이오. 내가 가지고 있는 인식의 틀, 자기만의 관점에서 벗어나는 것이오. 당신이 가져온 인식의 틀과 지식의 사유로는 이곳의 본모습을 보기 힘들 거요.

안드라데 눈으로 다 보입니다.

할아버지 사람들은 너무 단순하게 자기를 이해하기 때문에 겉보기에는 온화하고 평화로워 보이오. 하지만 속 모습은 다를 수 있소. 사람들은 상황을 불평하며 쉬지 않고 투덜거리오. 낡은 생각들을 그저 계속해서 쏟아내고만 있는 거요. 몸뚱이라는 성가신 짐을 떠안고 있으면서도 실제로는 그것에 대해 아무것도 모르는 것처럼 말이오.

괴상한 이야기와 예리한 눈빛을 가진, 어쩌면 세상을 단 하나의 설명으로 축소해버리는 할아버지와 담소를 나눈 안드라데는 자신이 느낀 모호하고 불투명한 감정이 사라지기 전에 보고서의 초안을 작성한다.

보고서 첫 장.

신비주의적 음모.
신격화된 인간의 위계질서.
복잡한 미로 같은 법칙들.

보고서 마지막 장.

사실 그 법칙들은
보이지 않는 이론들로 구성되어 있는데,
그러니까 윤회나 환생 같은 것들인데,
그것이 이 고원을 점령하고 있다.

보고서를 작성하는 동안 잠시 인도에 머물렀던 안드라데는 1625년 여름, 다시 구게로 들어간다. 왕의 환대와 관심은 계속되었는데, 왕은 자신이 보이는 과장적 태도가 그 태도로 감추고자 했던 자신의 감정의 강도를 깨닫지 못하는 듯했다. 왕의 주위에서 배회하는 사람들은 왕을 보필하는 신하라 했는데, 안드라데가 보기에 그들 또한 허풍과 과장으로 감싼 자신들만의 종교를 숨기느라 애써 침착한 몸짓을 하고 있었다. 안드라데는 그들만의 언어를 배우기로 마음먹는다. 언어에는 연결의 힘이 있으며 유대의 감정이 있다고 배웠기 때문이다. 그곳의 음식을 먹고, 그들의 종교도 관찰했다. 천주교 형태의 작은 성당도 지었다. 하지만 그는 매일 해야 할 일을 도저히 진행할 수 없었고, 아침이 올 때마다 점점 더 방향을 잃는 듯했다. 그는 밤이고 낮이고 점점 더 그곳의 상황들을 이해할 수 없었고, 무엇보다도 그곳에서 통용되고 전파되는 절대적인 신앙에 어려움을 겪었다. 그곳에서의 왕과 라마들은 권위주의자들이었고 수학적 법칙처럼 제시되는 그들의 종교적 신념에는 반대하는 사람들이 아무도 없었다. 그들이 주장하는 원칙 중 하나라도 의문을 품으면 불균형한 분노가 일어났고, 반발하면 고집스러운 침묵이 나타났다. 왕과 사람들이 일부러 그런 것은 아니었지만 이따금 도저히 참을 수 없는 지경에 이르게 되면 안드라데는 개인적인 모욕을 느낄 정도였다. 안드라데는 포교의 갈래를 수정하기 위해 1630년 다시 인도로 들어간다. 그리고 두 번째 자신만의 보고서를 작성한다.

첫 장.

아무래도 그들은
허상을 거래하고 있다는 느낌이 든다.
이곳 사람들은 자신들을 위해
다른 누군가가 되려고 연기를 하는 거 같다.

마지막 장.

여기 사람들은

압제당하며 사는 느낌을 잘 모르는 것 같다.

그들에게는 왕과 라마들의 언행이

하늘과 땅보다 더 중요하다.

안드라데가 인도에서 보고서를 작성하는 사이 라다크 군대가 구게 왕국을 침범하는 일이 발생했다. 그의 동료였던 마르케스와 선교사 몇 명이 그곳에 남아 있는 상태였다. 1634년 안드라데는 위험을 무릅쓰고 구게로 다시 들어가 동료와 선교사 일행을 구출한다. 그리고 라싸로 가다가 실종된다.

청말靑末 주장대신 기선琦善의 보고에 의하면, 프랑스 국적의 윅 (1813~1860) 신부와 조셉 가벳(1808~1853) 신부는 청조 도광道光 21년과 16년에 각각 선교를 목적으로 중국에 들어갔다.[12] 당시 윅 신부는 광둥, 푸젠, 장시, 후베이, 허난, 산둥 등지를 거쳐 베이징에 도착한 후, 다시 관둥關東 지방으로 떠났는데 그곳에서 가벳 신부를 만났다. 그들은 같은 선교의 목적을 확인하고 1844년 8월 3일, 열하熱河를 출발하여 외몽고, 간쑤, 란저우, 칭하이 등으로 동행했고 마침내 18개월의 험난한 여정 끝에 1846년 1월 29일 티베트 라싸에 도착했다.[13] 당시 윅 신부는 31세, 가벳 신부는 45세의 나이였다.

그들은 하늘 아래 이 거대한 공간에서 살아나려면 확고한 자신들만의 개성이 필요하다고 느꼈다. 그래서 윅은 티베트인들과의 관계에서 이야기를 나눌 때면, 우아하게 손을 쓰며 자신이 위험을 마주했을 때 대처한 자신의 용감함에 대해 과하게 늘어놓았다. 윅이 인상적이라고 느낀 건, 거대한 불교사원이나 셀 수 없이 많은 라마승들, 그리고 수박 같은 밤하늘의 별자리가 아니었다. 뚜렷한 흔적과 증거를 남기는 사물이나 동물이 아니었다. 그는 사소한 장면들, 가령 녹슨 문고리, 초원에 쌓인 야크 똥, 어둑하고 우묵한 공간에 녹아든 의자, 그 주변의 허술한 공간들을 좋아했다. 그 모든 것이 존재감을 드러내며 자신에게 손을 뻗는 것처럼 느꼈다. 그것들은 평범하기 짝이 없는 물건들이었지만 진짜 물건이라고 생각이 들었다.[14]

고원의 겨울은 어둠이 빨리 내렸고 공기는 더욱 차갑게 느껴졌다. 소리와 빛도 멀리 나아가지 못하고 뭉쳐진 공기의 저항에 막혀 빙빙 도는 느낌이었다. 따뜻한 공기와 부풀어 오른 땅, 봄을 생각하며 욂은 옷을 두껍게 껴입고 다녔다. 티베트인들이 신는 부츠를 신고 스웨터를 입고 그 위에 야크 털로 만든 망토를 둘렀다. 그래도 추웠고 뺨은 얼얼했다. 얼굴에도 털이 있었으면 하는 생각이 들 정도였다. 여름을 갈망했지만 봄도 오지 않을 거 같은 겨울이었다. 어느새 그의 감정은 이목구비에 고스란히 드러나게 되었고, 근심 많은 사람처럼 보였다. 희끗하면서 억센 턱수염이 너저분하게 나고 숱이 많은 회색 콧수염과 한없는 불신이 느껴지는 아치형 눈썹에 하늘색 눈동자가 그를 그렇게 보이게 했다. 그는 라싸에서 제일 크다는 세라사원을 찾아가기로 했다. 거기에는 황토로 만든 방이 있다는 소문을 들었는데 그 방은 한겨울에도 춥지 않아 옷을 벗고 잠을 잘 정도라고 했다.

저기인가?

목을 앞으로 내밀고 눈을 가늘게 뜨자 사원 정문 위로 작지만 단단하게 박힌 티베트어가 보인다.

སེར.

맞다. 세라사원이다. 입구의 오른쪽으로 악기를 목에 두르고 연주를 하는 소년이 보인다. 처음 듣는 멜로디가 공기에 퍼진다. 웍은 다가간다. 소년의 목은 고정되어 있고 얼굴은 비스듬히 어딘가를 쳐다보고 있다. 염소의 등처럼 새카만 얼굴, 해진 반바지, 맨발에, 그의 발밑에는 구겨진 돈이 흩어져 있었다. 악기를 연주하는 거지인가? 웍이 바닥의 돈과 소년의 행색을 가늠하는 사이 소년이 웍 쪽을 쳐다본다. 그때 웍의 옆으로 획 하고 어떤 물체가 빠르게 스쳐갔다. 유령인가? 웍이 그렇게 터무니없는 생각을 한 것은 머리에 검은색 두건을 쓰고 얼굴에 진한 무언가를 바른 형체가 빠르게 옆구리를 스쳐 지나갔기 때문이다. 복면을 쓰고 얼굴을 가렸지만, 순간 웍은 그 복면 속에서 빛나는 검은 눈동자와 흰빛을 보았다. 웍은 그 형체에 이끌려 사원을 뒤로하고 복면의 그것을 따라가기 시작했다. 그런 충동적인, 순간적인, 본능적인 행동은 매번 후회하는 결과를 가져왔지만 어쩔 수 없었다. 그건 웍의 취미에 가까운 습관이었기 때문이었다. 뒤에서 보니 잘록한 허리에 달린 알록달록한 매듭과 보라색의 긴 치마로 보아 여인일지도 모른다는 생각이 들었다. 웍은 언제나 그랬던 것처럼, 그도 자신이 왜 그러는지 잘 모르겠지만, 저 앞에서 품위 있게 걸어가는 복면 여인의 얼굴을 확인하기 위해서 그녀보다 빠른 걸음으로 그녀를 쫓아갔다. 등은 땀으로 축축했지만 멈추지 않았다. 정신이 혼미해지고 숨이 가빴지만, 복면의 여인을 보고 싶다는 마음이 들어서 참았다. 여인의 갑자기 속도를 낸다. 눈치를 챈 것일까. 윅은 최대한 속도를 내어 따라붙었다. 얼마간의 시간이 지나서 윅은 자연스럽게 뒤를 돌아볼 수 있는 위치에 있었다. 여인은 눈두덩이에 진한 보라색의 어떤 원료를 바른 것처럼 보였다. 마치 작은 포도알을 으깨 눈밑에 진하게 바른 듯했다.

윅 저기, 저기요, 당신의 얼굴에 마음껏 칠한… 그것은… 무엇인가요?

여인 누구세요?

윅 전, 한겨울에도 하느님의 사랑을 전하는 사람입니다.

여인 (윅의 행색을 살펴본다.)

그녀는 두 손으로 얼굴을 가린 자신의 복면을 보듬었다. 그때 윅은 그녀의 손과 손가락을 놓치지 않고 보았다. 손목에는 청동색의 팔찌와 염주 그리고 통통한 손가락에는 옥색의 반지를 끼고 있었는데 복면의 모습과 참으로 조화롭게 느껴졌다. 윅이 빤히 손가락을 쳐다보자 그녀는 무엇을 느꼈는지 손을 내리며 이번에는 풍선처럼 부풀어 오른 둥근 치마를 공손하게 쥐며 얼굴을 돌렸다.

윅 그런데 당신의 얼굴은 왜 그런가요?

여인 귀신처럼 보이게 하려고요.

윅 귀신이요?

여인 네.

그때 어떤 개가 다리를 절룩거리며 그들을 쳐다보며 지나갔는데, 그 개의 한쪽 눈이 어째 좀 찌그러진 것 같았다. 웍은 그 개도 궁금했지만, 귀신처럼 보이려고 화장을 한 이 복면의 여인이 더 궁금했다. 복면 안에 숨겨진 여인의 얼굴이 보고 싶었다. 여인은 그의 희망을 눈치 챘는지 자신의 얼굴 화장법이 그러한 이유를 친절하게 설명하기 시작했다. 태양은 자신의 몹쓸 습관을 지키려는 듯 발광하기 시작했고 그들은 힐끔거리며 지나가는 사람들을 개의치 않고 서서 이야기를 주고받았다.

웍 사연이 있을까요?

여인 두 가지 이유입니다.

웍 궁금합니다.

여인 하나는 고원 때문입니다.

웍 이곳이 높다는 이야기인가요?

여인 네. 알다시피 이곳은 높고 태양에서 나오는 열이 무척 강해요.

복면 밖으로 불거진 그녀의 입술을 쳐다보는 웍.

손으로 태양을 가리는 여인.

여인 얼굴과 피부는 상처를 받죠.

웍 그렇군요.

그때 피부가 벗겨진 개가 다가오더니 웍의 발등을 핥는다. 여인은 이야기를 계속한다.

여인 뺨이 터지거나 붉은색의 반점이 돌출되는 경우가 허다했어요.

윅 그럴 거 같아요.

여인 그래서 얼굴을 보호하기 위해서 고안해낸 방법이 이거예요. 엄마도 할머니도 그렇게 했고, 나도 이렇게 배웠어요.

윅 오. 그렇군요. 일종의 화장이군요.

가려진 코를 만지는 여인.

가려진 그녀의 코를 상상하는 윅.

여인 또 하나, 다른 이유도 있죠.

윅 뭐지요?

여인 얼굴을 감추기 위해서입니다.

윅 왜지요?

여인 이곳에는 대낮에 여인을 잡아먹는 귀신이 있어요.

윅 귀신이 수컷인가 보죠?

여인 그건 모르죠. 수컷이 수컷을 따르는 경우도 있잖아요.

윅 그건 그래요.

여인 암튼 우리는 귀신으로부터 해를 당하지 않기 위해서 이렇게 해야 합니다.

윅 당신의 얼굴을 볼 수 있을까요?

여인 그건 안 돼요.

윅 왜요?

조바심을 느끼는 윅.

주변을 두리번거리는 여인.

여인 이걸 벗으면 당신은 놀라 기절할 거예요.

윅 그럴 정도인가요?

여인 이마, 코, 볼, 턱 그러니까 얼굴에 돌출된 부분은 전부 빨게요. 무서울 거예요.

윅 그래도 보고 싶군요.

그녀는 차분하고 친절하게 설명했다. 윅이 생각하기에 자신도 여인이라면 당신과 같은 화장을 해보고 싶다고 말해주고 싶을 정도였다. 그때 좀 전에 지나쳤던 한쪽 눈이 일그러진 그 개가 다시 나타나 윅의 발등을 핥기 시작했다. 그곳은 윅이 어젯밤 게워낸 토사물들이 말라서 엉겨 붙어 있었다. 복면의 여인은 윅에게 관심을 보이는 개를 보자 자리를 뜨려는 듯 치마를 쥐고 몸을 돌렸다.

그녀의 앞을 가로막는 윅.

주위를 경계하는 여인.

윅 조금이라도 얼굴을 보여주실 수 없나요?

여인 당신은 이곳이 처음인가요?

윅 며칠 전에 올라왔어요.

여인 그럼, 괜찮다면 저의 집이 저 모퉁이 끝에서 찻집을 하는데 같이 갈까요?

윅은 기분 좋게 고개를 끄덕이고 그녀를 따라갔다. 꽃들이 나열된 이층집들, 사랑스럽게 기울어진 담장과 진언이 새겨진 돌탑을 감상하며, 그녀의 뒤를 천천히 따라갔다. 골목으로 들어서자 돌담과 각지고 거대한 돌덩이, 손으로 만든 삼각형 모양의 지붕의 대들보에서 느껴지는 우아함과 층진 기름얼룩 그리고 사방에 쌓인 먼지, 대낮인데도, 겨울인데도, 모기가 윙윙대고 동물들의 배설물이 잔뜩 묻어 있는 바닥을 보며 윅은 그녀를 따라갔다. 그녀의 허리를 졸라맨 금색의 띠는 헝겊 같았는데 바람에 날려 어깨까지 올라왔다 내려갔다를 반복했다. 그날 밤, 윅은 티베트 여인들의 '자면'이라 불리는 독특한 화장에 대해서 다음과 같이 쓴다.

라싸의 여인들은 집을 나서기 전, 흑색의 연고를 얼굴에 바르는데 마치 진한 포도즙을 얼굴에 바른 것처럼 보였다. 이유는 태양의 고열 때문이었다. 라싸는 고원이기 때문에 태양이 발사하는 빛이 강해 얼굴과 피부는 많이 상할 수밖에 없었다. 강한 햇빛의 열기와 자외선으로부터 얼굴을 보호할 길이 없었던 여인들은 대부분 얼굴의 양 볼이 터지거나 홍색의 피부 반점이 돌출되는 경우가 종종 있었다. 따라서 강렬한 햇빛으로부터 얼굴과 피부를 보호하기 위해서 고안해낸 화장법이 그것이었다. 또 다른 이유는 티베트인들의 깊은 불교 신앙과 관련이 있는 듯했다. 그러니까 티베트인들의 가장 큰 일은 일상에서 자신의 죄를 소멸시키고 공덕을 증진시키는 것이었다. 얼굴에 스스로가 자처한 흉한 분장은 사악한 기운이 몸에 진입하지 못하도록 한 것으로 보였다.[15]

윅은 티베트 여인의 집을 방문하고 평생 자족적으로 살아왔다는 점을 자랑으로 삼는 그들이 가지고 있는 친밀함에 대해서 생각하게 되었다. 세상을 완전하게 만드는 건 다정함과 친밀함이라는 것을 알았지만, 그 친밀함은 참을 수 없는 짐이 될 수도 있다는 사실도 알았지만, 그들은 전혀 알지 못한다는 표정을 하고 있었고 알고 싶어 하지도 않았다. 하나 더하기 하나는 둘이 된다는 사실이 전혀 중요하지 않은 그들에게 수학이나 과학의 진실보다 더 축복된 영역은 그들의 계산 없는 신앙에 있다는 것을 알게 되었다. 그들은 축복을 발견하면 그 축복을 잃을지도 모른다는 두려움을 역시 전혀 모른 채 매일 허공에 떠 있는 거대한 배 (포탈라궁) 앞으로 가서 허리를 숙이고 소원을 빌었다.

> 여기 사람들은 자신들을 감싸고 있는 영적 충만감을 다른 사람에게 설명할 필요를 느끼지 못한다. 상대가 자신의 숭배를 가치가 없거나 바보 같은 행위라고 손가락질하는 것을 두려워하지도 않는다. 환생자에 대한 추앙이 그들로서는 직접 확인할 수 없는 확신에 찬 표정으로 드러났을지도 걱정하지 않는다. 그리하여 그들은 이방인들이 느끼는 의문과 걱정의 무게에 자신들의 허리를 굽히지 않는다.[16]

윅이 티베트에서 만난 사람들은 적의가 없었고 자신들의 가치를 위해 최선을 다하는 모습이었다. 가족의 생계와 안전을 지키는 것이 결국 자신의 평화를 만든다는 것을 안다는 표정들이었다. 다만 그들에게는 자신들이 살아온 환경 때문에 적절한 단어와 딱 맞는 몸짓, 심지어 친절한 감정을 표현할 충분한 수단을 찾아내기 어려울 뿐이었다. 라싸에서 생활하면서 윅은 티베트인들의 흥미로운 습관을 목격하기도 했는데 그건 상대방에 대한 존중과 경의를 표하는 방법이었다. 두 가지였는데 하나는 손가락으로 자신의 머리를 가리키는 것이고, 두 번째는 혀를 내밀고 자신의 오른쪽 귀를 잡고 흔드는 것이었다.

이곳 사람들은 반길 때나 인사를 할 때, 특이한 행동을 한다. 첫 번째는 하다哈達라는 흰색 천을 선물하는 것이고, 두 번째는 수줍게 혀를 내미는 것이다. 혀를 길게 내미는 것을 보고 이상하여 내가 물어보니 이들은 악인은 흑색의 혀를 가지고 있다고 믿었다. 그래서 사람들은 처음 만나는 사람과 인사할 때는 반드시 혀를 내밀어 흑색이 아님을 보여 자신이 악인이 아님을 밝히고 싶어 했다.[17]

조장鳥葬, 그러니까 죽은 자의 시신을 새에게 준다는 장면을 우연히 목격한 윅은 충격을 받고 한동안 멍한 상태로 지내기도 했다. 하루는 시신의 해부를 담당했던 사원의 라마를 찾아가 물은 적이 있다.

윅 왜, 시신을 새의 밥으로 주나요?
라마 이곳의 방식입니다.
윅 이유가 있을까요?
라마 새는 환생을 도와줍니다.
윅 환생이라면?
라마 다시 태어나는 거죠?
윅 환생, 그걸 어떻게 아나요?

라마 믿으면 됩니다.

윅 보여야 믿죠?

라마 믿으면 보입니다.

시신을 해부해 독수리에게 준다는, 그 임무를 수행하는 라마를 '락바'라고 불렀는데, 그는 시신의 목에 감긴 밧줄을 말뚝에 맨 뒤 발을 붙잡고 잡아당겨 시신을 반듯하게 펴는 데 몸을 부렸고 예리한 칼로 시신을 발라서 독수리들에게 주는 데 영혼을 바치는 듯했다. 그날 밤, 윅은 성경책에 일기를 적는다.

오전.

희미한 구름.

저기, 보자기 안에 시신이 있다.

꽃무늬가 엉겨 있는 노란 보자기 사이로,

희고 투명한 발가락이 삐죽 나와 있다.

뼈는 으스러졌는지 발가락은 늘어질 대로 늘어져 있다.

다듬지 못한 발톱 사이로 갈색의 피가 엉겨 붙어 있다.

차가운 발가락은 햇빛을 받아 따뜻해 보인다.

발가락이 나 아직 안 죽었어요, 하고 꿈틀거릴 것 같다.

락바가 다가간다.

보자기를 푼다.

오그라든 소녀의 몸이 눈에 들어온다.

검붉은 보라색 멍이 온몸에 간격을 두고 번져 있다.

그 검붉은 문양이 무언가를 하소연하고 있는 것 같다.

누군가를 찾는 몸의 형태다.

엄마를 찾는 것일까?

락바. 그가 시신을 바라보더니 자리를 뜬다.

나무 밑으로 간다.

물을 마신다.

그가 다시 시신으로 간다.

그 사이 소녀의 몸은 더 오그라든다.

소녀가 말한다.

난, 괜찮아요.

어서, 해부하세요.

락바.

침묵.

두꺼운 비가 내린다.

태양이 사라진다.

소녀가 말한다.
새의 몸속으로 들어가 보고 싶어요.
그래야 날 수 있잖아요.

락바.
도끼를 든다.

3. 이폴리토 데시데리

1704년 예수회 소속 마이클 드 애머릴 신부는 앞서 티베트 지역으로 들
어간 선교사들의 보고서를 참조하여 새로운 포교계획을 세운다. 그는
마누엘 몬티로 신부에게 부탁하여 로마에서 티베트로 가는 최적의 경
로를 알아보고 선교활동의 가능성을 타진한다.[18] 하지만 몬티로 신부가
1707년 죽는 바람에 예수회의 계획은 수정된다. 그 이듬해 애머릴 신부
는 당시 로마 예수회 회장이었던 존 카발로에게 티베트 선교의 중요성
과 필요성을 주장하고 지원을 요청한다. 하지만 그의 요청은 받아들여
지지 않았고 대신 조셉 마티넷과 프란시스 코흐 신부에게 선교의 기회
가 주어진다. 하지만 이들 역시 아무런 성과를 내지 못하고 진척을 이루
지 못하자 이폴리토 데시데리에게 그 임무가 주어진다. 그는 준비된 예
수회 수사였다. 이탈리아 출신의 데시데리는 어린 시절부터 예수회 학

교에서 교육을 받은 선교사였다. 구릿빛 피부에 정중한 사제 복장을 걸친 그는 엄격한 규율과 높은 학문적 기준을 보여주는 예수회 학교를 자랑스럽게 생각했다. 그는 예수회의 집합적 정신이 한 개인으로서는 엄두도 낼 수 없는 방식으로 인내심을 가지고 일을 추진하는 학교의 수업 방침이 마음에 들었다. 예수회 신부들이 기본적으로 다양한 언어를 구사하지만 데시데리는 그 이상이었다. 그는 스페인어와 영어에 모두 익숙했다. 또한 예수회 신부가 되기 위한 과정에서 철저하고 풍부한 고전 교육을 받았다. 라틴어와 그리스어에 입문했으며, 두 가지 모두 단지 학문으로 배우는 데 그치지 않고 연구와 조사를 수행하고, 아름답게 짜인 산문을 읽으며 순수한 기쁨을 느낄 정도로 그는 준비된 수사였다.

1712년 8월 15일, 데시데리는 당시 로마 예수회 총회의 회장이었던 미첼랑게로 탐부리니(1648~1730)으로부터 티베트 진출의 지원과 선교 활동을 약속받는다. 한 달 뒤인 9월 27일, 리스본을 출발한 데시데리는 기상악화로 인해 여러 날을 지체하다가 다음 해 9월 21일에야 비로소 인도 고아Goa에 도착한다. 1714년 11월 13일, 카슈미르[19]를 통과한 데시데리는 일 년 후 발률物律에 도착한다. 당시 라다크가 큰 티베트로 불린 것에 비하면 발률은 카슈미르 북부에 있던 나라로 페르시아, 중앙아시아, 토번吐蕃(고대 티베트)을 연결하는 교통로 위에 있었던 발티스탄에 해당한다. 당시 데시데리가 도착한 발률은 작은 티베트라고 불리고 있었다.[20]

카슈미르는 히말라야산맥 서쪽 끝부분 남쪽에 있다. 그곳에서 여기까지 오는데 40일 정도 걸렸다. 길은 험하고 좁았다. 폭설과 장마를 만나면 길이 없어지기도 했다. 나아가는 길을 만들며 전진했다. 한 손으로 도끼질을 하고 다른 손으로 동행자를 부축하며 앞으로 나아갔다. 눈이 얼어붙은 길은 미끄러지면 바로 낭떠러지로 굴러 떨어져 죽을 수 있었다. 우리는 일행의 앞뒤 간에 서로 밧줄을 묶어 서로의 몸을 보살폈다. 한낮에 태양이 떠오르면 반사되는 설산의 빛이 눈을 가려 눈에 염증이 생기거나 설맹雪盲 증세가 오기도 했다. 길을 안내하던 가이드는 포기를 권유했다. 하지만 나는 포기할 수 없었다. 그에게 많은 돈을 주어 설득했다.[21]

1715년 6월 20일, 해발 3505미터에 위치한 라다크의 수도 레列城, Leh에 도착한 데시데리는 그 지역을 둘러보고 '바라 티베트Bara Thibet'라고 기록한다.[22] 당시 데시데리와 동행한 프란체스코 마리아 델 로소 신부는 그 지역의 마을 사람들과 접촉하고 라싸에 대한 소문과 정보를 듣고자 했는데 성과는 미미했다. 한번은 길에서 만난 순례하는 자들을 따라가 물어보기도 했다.

오체투지를 하는 순례자들.
따라가는 델 로소 신부.

신부 혹시 라싸에서 오는 길인가요?
순례자 A 누구신가요?
신부 저로 말하자면, 가난한 이들이 언제나 너희 곁에 함께하리라고 주장하는 예수회 신부입니다.
순례자 B 그 말은 경고인가요? 아니면 위안인가요?

신부 아닙니다. 저는 다만 라싸에 대해 알고 싶을 뿐입니다.

순례자 C 우리는 라싸에 대해 알지 못합니다.

델 로소 신부가 몇 번 더 정중하게 물었지만, 그들은 대답하지 않고 가던 길을 계속 갔다. 순례자나 마을 사람들에게서 아무런 정보도 얻을 수 없다는 생각이 든 데시데리는 라싸에서 선교활동 중인 카푸친회卡普淸修會 소속 선교사들의 상황을 듣고 싶어 했다. 하지만 그들은 이미 라싸에서 철수했다는 소식만 들렸고 어떤 기대할 만한 정보도 입수할 수 없었다. 데시데리는 위장衛藏으로 불리는 지역으로 들어갔다. 평야인 캉탕光塘을 지나 카일라스Kailas 설산과 그 앞에 펼쳐진 마나사로바Manasarova 호수에 도착한 데시데리는 그곳에서 본 히말라야 삼목과 잣나무들의 풍경에 감탄한다. 꼭대기에서 내다보는 전망은 정말이지 실제적인 어떤 것을 넘어서는 경계에 들어선 느낌을 받았는데 특히나 산과 호수 주위로 어둡게 접힌 부분들을 보면서 데시데시는 라싸가 가까워졌음을 생각한다. 밤이 되자, 데시데리는 불을 지피고 개울가로 가서 냄비에 물을 채워 와 작은 칼로 감자 껍질을 벗겨 저녁식사를 준비했다. 그때 밤에도 걷기를 멈추지 않는 순례자들이 나타났다.

데시데리 당신들은 밤에도 걷나요?

순례자 A 낮에 걷는 게 더 힘들어요.

데시데리 당신들은 어디로 가는 중인가요?

순례자 B 알려줄 수 없소.

순례자 C 당신은 누구요?

데시데리 하느님의 큰 사랑을 전하는 사람입니다. 난, 당신들과 얼굴색이 다르고, 코의 높낮이가 다르지만, 당신들의 땅으로 들어가 굶주리고 질병에 걸린 사람들을 구원하고자 합니다.

순례자 D 필요 없소. 우리는 구원보다는 이생의 죄를 정화하는 게 우선이오.

순례자들은 입술을 깨문 찌푸린 얼굴을 하고 사라졌다. 데시데리는 자리를 뜨는 그들을 쳐다보았는데 그들의 얼굴에는 자신을 애송이로 보는 표정이 잔뜩 담겨 있었다. 1716년 1월, 데시데리는 라싸에서 서쪽으로 240킬로미터 떨어진 시가체라는 마을에 도착했다.

이곳은 환생자 판첸 라마가 은둔하는 도시로 알려져 있다. 마을이 내려다보이는 곳에 지어진 불교사원, 그리고 그 사원을 에워싸고 있는 마을, 양과 야크를 모는 사람들을 보면 이 지역을 감싸는 어떤 평화로움이 느껴진다. 그 어떤 악마도 범접하지 못할 자연의 권위가 있다. 무엇보다 이곳에는 높은 종교적 지위를 가지고 있는 환생자가 거주하는데, 그는 마을 사람들의 숭고한 대상이다. 그는 금빛으로 반짝이는 거대한 사원에 살고 있다. 지나가는 사람들은 누구나 그가 사는 곳을 향해 절을 하거나 허리를 굽힌다.[23]

두 달 후, 3월 18일, 데시데리는 라싸에 도착한다. 인도 고아에서 출발한 지 2년 4개월이 지난 후였다. 그는 라싸에서의 첫날밤을 아침이 올 때까지 하늘만 바라보았다.[24]

이토록 푸른 하늘은 처음 보았다.

마치 태초의 하늘이 저런 것이었을까.

하늘은 자신만의 방식을 통해,

지친 나에게 보답한다.

4. 라싸

처음은 좋았지만, 시간이 지날수록 데시데리는 정신적 폐소공포를 느꼈다. 고원이라 그런 것인가. 그는 처음 직면하는 공포증을 경험하고 나면 신체적으로 움직일 수 있다는 걸 증명하기라도 하듯 오랫동안 걷기를 해야만 했다. 그리고 밤이 되면 기도를 했다.

하느님,

당신의 계획이 궁금합니다.

저를 이곳에 보내신 건,

이유가 있을 테니까요.

불평하는 건 아닙니다.

아멘.

걷기와 기도를 통해서 마음을 안정을 찾은 데시데리는 예수회 학교에서 배운 지침대로 선교의 우선순위를 정한다.

첫째, 먼저 티베트어를 배운다.

둘째, 질병에 걸린 사람들을 찾아가 치료한다.

셋째, 불교사원과 라마승을 찾아가 선물을 주고 호감을 얻는다.

넷째, 신변안전을 요청하고 선교활동의 근거지를 마련한다.

다섯째, 이곳 사람들이 마시는 차를 매일 마신다.

여섯 번째, 자신만을 위한 즐거운 일 따위는 만들지 않는다.

일곱 번째, 그리고, 좀 더 소박한 형태의 봉사와 선교의 방법을 고민한다.

1716년 겨울, 데시데리는 라싸의 치안을 책임지고 있던 티베트인 둔주츠런敦珠次仁을 찾아갔다.[25]

철로 만든 투구를 쓰고 있는 둔주츠런.

십자가를 손에 쥔 데시데리.

둔주츠런 이곳에 온 이유가 있소?

데시데리 복음을 전파하기 위해 왔습니다.

둔주츠런 그게 뭐요?

데시데리 하늘에 계신 절대자의 말씀입니다.

둔주츠런 신이라면, 우리에게도 있소.

그러면서 그는 비가 오려는지 확인하는 사람처럼 눈을 들었고 민첩하게 손을 뻗어 붉은 언덕 위에 놓여 있는 커다란 궁을 가리켰다. 궁은 홍수를 대비한 배의 형상을 하고 있었다.

데시데리 저게 뭐요?

둔주츠런 저곳에 우리들의 신이 살고 있소.

데시데리 누군데요?

둔주츠런 환생자요. 성하, 우리들의 달라이 라마지요.

데시데리 하느님과 같은 권위자군요.

둔주츠런 그런 건 모르오.

다음 해, 봄이 되자 둔주츠런은 다간자시達甘札西라는 포탈라궁 책임자를 소개시켜주었다. 데시데리는 자신의 신변안전을 요청하며 가져온 진통제를 선물했다. 친절함과 다정함을 드러내기 위해 겉표지에다 티베트어로 약의 용도와 사용 방법까지 적어주었다. 한번은 라싸의 왕인 라짱칸拉藏汗과 그의 가족들이 알 수 없는 질병에 전염되어 위험한 지경에 빠졌다는 소문이 돌았다. 데시데리는 다자간시를 찾아가 '로만 테리아카Roman Teriaca'라는 약을 전했다.[26] 이 일을 계기로 데시데리는 라짱칸과 친밀한 관계를 맺을 수 있게 되었고 선교활동은 진전을 볼 수 있게 되었다. 라짱칸이 데시데리를 초대했다.[27]

왕 이곳의 언어를 배우는 게 좋소.

데시데리 그렇게 하겠습니다.

왕 언어를 배우고 나면 불교 책도 읽어보시오.

데시데리 그렇게 하겠습니다.

왕 원한다면 사원에서 생활하는 것도 허락하고 라마도 소개해주겠소.

데시데리 그렇게 하겠습니다.

언어라면 자신이 있었다. 예수회에는 언어학 연구의 전통이 있었다. 데시데리가 사제 서품을 받자마자 언어학 박사 과정을 시작하라는 권유를 받은 적도 있었다. 스웨덴에서 이루어진 17세기 아프리카 선교사업을 연구하는 프로젝트를 수행하던 중, 데시데리는 예수회 관련 서류를 원문으로 읽기 위해 프랑스어를 배운 적도 있다. 선생으로부터 집중적으로 문법을 배웠고, 그 후에는 독학으로 어휘를 읽혔다. 회화 공부는 전혀 하지 않았지만 학기 말 보고서를 끝마쳤을 무렵에는 프랑스어 원문을 수월히 읽을 수 있게 되었다. 그런 다음 언제가 아프리카에 갈지도 모른다는 기대로 아랍어를 공부했다. 그러고 나서는 포르투갈어도 배웠는데, 단지 발음이 듣기 좋고 브라질 음악이 마음에 든다는 이유에서였다. 데시데리는 티베트어를 우아하거나 빠르게 혹은 재치 있게 의사소통할 수 없는 데서 오는 좌절감을 느꼈지만, 자신의 장기인 인내심과 복종하는 법을 발휘하여 언어 표현에 필요한 몸짓이나 표정을 활용할 줄도 알게 되었다.[28]

티베트어를 말할 수 있는 수준이 되자 데시데리는 먼저 왕을 상대로 천주교의 교의와 이론을 설명했다. 왕은 그의 말에 동의하지 않았다. 왕이 그가 권유하는 천주교를 받아들이지 못한 이유는 티베트불교를 숭배하는 신자들 때문이었다. 물론 천주교도 미덥지 않았다. 만일 자신이 티베트불교를 포기하고 천주교를 받아들이면 자신의 정치적, 종교적 기반인 라마들과 신도들의 지지를 잃을 것이 염려되었기 때문이었다. 데시데리는 왕의 권유를 받아들여 티베트불교를 공부하기로 마음먹는다. 단순히 선교를 위해 티베트어를 학습하는 수준이 아니라 불교사원에 들어가 수행에 전념하겠다는 결심에 가까운 것이었다.

이폴리토 데시데리는 예수회 수사 최초로 티베트 불교 사원에서 밀교 공부를 한 것으로 전해진다.

나는 새벽부터 저녁까지 티베트불교를 열심히 공부했다. 깨달음을 얻었다는 라마를 찾아다녔으며 질문을 멈추지 않았다. 환생과 윤회는 어려운 대목이었다.[29]

몇 달이 지났지만, 고산 증세, 숨 가쁨, 어지러움, 식욕부진, 구토 증세는 줄어들거나 나아지지 않았다. 괜찮은 날과 힘든 날이 반복되었다. 데시데리는 불교사원에 들어가 몸과 정신을 조화롭게 만들어준다는 명상을 배우고 싶었다. 건강과 쾌활을 되찾고 싶었다. 자신만의 연금술 공식과 직접 만든 기호로 공책들을 한 권씩 채워나가며 이곳의 비밀을 알고 싶었다. 왕의 추천으로 사원에 들어간 데시데리는 얼굴은 언제나 잉크로 더럽혀져 있었고 언제부터인가 독백은 끊이지 않았으며 고분고분한 손은 늘 그 말을 받아 적은 듯했다. 그는 작고 사소한 이야기를 때로는 위태로운 상황을 그리고 종종 이해하기 어려운 관계를 자신의 공책에 머뭇거리는 기색 없이 공들여 적었다. 자신을 바라보는 사람들은 수군거렸고 힐끔거렸지만 신경 쓰지 않았다. 중요한 건, 자신이 지금 어떤 공간에서 어떤 목적을 가지고 있는가였지 자기 처지를 늘어놓고 싶은 하소연이 아니었다. 티베트불교와 그에 관련된 기본적인 경문을 공부를 시작했다. 라마승의 도움을 받아 티베트 고어古語도 학습했다. 예수회 수사로서는 처음 있는 일이었다.

1717년 12월, 데시데리는《여명취산흑암열시욱일동승黎明驟散黑暗例示旭日東升》이라는 책을 완성한다. 그는 책에서 세 가지를 강조했다.[30]

첫째, 오직 티베트불교의 이론과 교의敎義만이 인간을 구제한다는 것은 과장이다.
둘째, 오히려 기독교의 교의와 논리만이 인간이 갈망하는 인생의 행복과 구원을 전해줄 수 있다.
셋째, 하지만 이곳의 종교에서도 진실은 발견할 수 있다.

책을 완성한 그는 자신을 도와준 사원의 책임자와 라마승들에게 고마움을 전했다. 라마승들의 종교적 품위와 순결함, 우아함 속에서 책을 완성했다며 왕에게 찾아가 선물했다. 책의 주요 골자는 천주교와 티베트불교, 양자 간의 교의와 계율, 원리와 격언, 기도와 명상 등에 관한 유사성과 차이점에 관한 것이었다.

왕 그대는 환생을 믿지 않는가?
데시데리 다시 태어난다는 것을, 보이지 않는 그것을 어떻게 증명할 수 있을까요?

왕 이곳에서는 가능하다.

데시데리 어떻게요?

왕 증인들이 있기 때문이다.

데시데리 그 증인들을 믿기 어렵습니다.

엿들은 말.

(저, 서양인은 코가 크고 긴 만큼 헛소리도 잘하네.)

1717년 3월, 데시데리는 써라스를 나와 대조사大昭寺에 들어간다. 그곳에서 그는 밀교密教를 공부하며 라마들과 논쟁한다.[31] 그는 라마들과 싸움에 가까운 토론을 하면서 이상한 습관이 생겼는데 그건 자기가 하는 말을 그게 헛소리, 중얼거림, 심지어 독백이라고 할지라도 심지어 어떤 때는 침묵이라도 입에서 나온 소리는 성경이나 공책에 바로 받아 적으며 고개 한 번 들지 않는 것이었다. 그건 그 순간에 자신이 느꼈던 직감을 확인하거나 놓치지 않기 위해서였다. 그럴 때면 그는 어떤 고양감에 휩싸여 사원 주위를 행복하고도 평온한 기분으로 거닐었다. 저녁에 시작된 걷기는 다음날 아침이 되어서야 끝나는 경우도 있었다. 마을로 내려가서 초원을 지나 호수에 가기도 했다. 그러다 정신을 차리고 보면 언제나 다시 사원으로 돌아와 있었다. 일 년 뒤, 대조사를 떠나 다시 써라스로 옮긴 데시데리는 라마들의 불교 지식을 다루는 변론辯論 대회에 참가한다. 사원 마당에서 서로가 손바닥을 마주치며 물으면 대답하는 형식이었다.

오전.

라마 당신이 말하는 천국이란 어떤 곳인가요?

데시데리 가난한 사람들이 사는 곳입니다.

라마 그곳은 무엇으로 가득한가요?

데시데리 연민과 사랑이 있습니다.

라마 그럼, 당신이 말하는 지옥이란 어떤 곳인가요?

데시데리 명예와 기분이 만족될 때까지 입을 떠벌리는 사람들이 사는 곳입니다.

라마 그곳은 무엇으로 가득한가요?

데시데리 멈추지 않는 식욕이 있습니다.

오후.

데시데리 태양과 달을 설명해보세요.

라마 아버지와 엄마요.

데시데리 어째서 그렇지요?

라마 당신이 만들어질 때를 생각해보시오.

데시데리 만들어질 때?

라마 아버지의 정액, 흰색은 달을 상징하오.

데시데리 달?

라마 엄마의 피, 붉은색은 태양을 상징하오.

데시데리 태양?

라마 그러니까 당신은 아버지의 정자와 엄마의 붉은 피로 만들어진 거라오.

밤.

데시데리 당신들이 말하는 죽음이란 어떤 상태인가요?

라마 몸의 변화지요.

데시데리 어떤?

라마 숨이 멈추었다고 죽은 게 아니란 말이지요.

데시데리 그럼?

라마 몸 안에서 흰색을 이루는 구성물들이 먼저 없어지는 거요.

데시데리 그다음은요?

라마 붉은색을 이루는 요소들이 사라지지요.

데시데리 그래서요?

라마 우리가 탄생할 때 만들어졌던, 처음의 구성물들이 순차적으로 사라진다는 거지요.

데시데리 그걸 증명할 수 있나요?

라마 있소.

데시데리 어떻게요?

라마 죽은 사람은 태양과 달을 볼 수 없소.

1717년 몽골 준거얼准噶爾 군대가 라싸를 침공했다.[32] 사원에서 티베트불교에 매진하고 있던 데시데리는 왕이 실종되었다는 소식을 듣는다.

침입자들, 그들은 몽골의 전사라고 불리었는데, 전력을 다해 포탈라궁을 공격했다. 궁은 쉽게 함락되지 않았다. 그들은 화공火攻을 이용했다. 목재로 된 문을 불로 공격하고 들어갔다. 라짱칸과 그의 둘째 아들 그리고 그를 따르는 대신들은 궁의 북쪽으로 황급히 도망갔다. 그쪽에는 미리 준비해둔 말이 있었다. 왕비는 남겨졌다. 왕과 대신들이 긴급히 도망치는 모습을 발견한 침입자들은 뒤를 따라갔다. 왕은 깊은 도랑을 만났는데 말이 겁을 먹었는지 한 번에 뛰어넘지 못했다. 왕은 말과 함께 깊은 골짜기에 떨어졌다.[33]

신변의 위협을 느낀 데시데리는 라싸 외곽 종눌宗咁, Tron gnc로 피신한다.[34] 그곳에서 상황이 진정될 때까지 숨어 있을 참이었다. 그는 티베트 외곽을 전전했다. 하루는 그가 쩨탕澤當, Ce-Thang이란 마을에 도착했을 때의 일이다.

라싸에서 동쪽으로 가던 중에 강을 만났다. 뗏목을 타고 강을 건넜다. 쩨탕이라는 마을에 도착했다. 라싸에서 보았던 사원과 라마들은 그곳에도 있었다. 신기하게도 이곳에는 외부에서 온 상인들이 많았다. 물어보니 매월 사람들이 날을 잡아 이곳에 모여 장사를 한다고 했는데 볼만했다. 모료毛料라는 상품이 특히 인기가 많았다. 붉은 담장을 두른 불교사원도 보였다.[35]

그날 밤, 데시데리는 왕에게 선물했던 자신의 책을 떠올렸다. 책의 맨 끝부분에서 그는 한 가지를 강조했다. 그건 이곳 사람들의 맹신에 가까운 신앙이었다. 그가 생각하기에 이곳 사람들의 마음에는 애석하고도 안타까운 추앙이 만연해 보였다. 그는 자신이 쓴 마지막 구절을 떠올렸다.

이 땅에는 원래 다양성과 독창성이 가득했지만, 지금은 무관심과 절망이 떠돈다. 과거에는 자립이 군림했으나, 지금은 윤회와 환생의 굴종이 거리 곳곳에 쭈그리고 앉아 있다. 노동자가 거지로 전락했고, 잔인한 악순환에 사지 멀쩡한 사람들이 붙들려 있다. 사람들은 궁색함에 빠져 있으면서도, 올바로 깨닫지 못하고, 환생자가 자신들을 구제해주리라 믿으면서 점점 더 심하게 환생에 의존한다. 그런 의존성이 그들의 유감스러운 상황을 영속하게 할 뿐이라는 것을 정면으로 깨닫지 못한 채로 말이다.

남부지방을 여행하면서 목격한 농작물에 대한 기록은 꽤 상세하다.

야룽雅隆이라는 도시에 도착했다. 이곳은 다른 곳에 비해 유난히 산소가 적은 듯하다. 숨은 차지만 공기는 순정純情하다. 건강에 이로운지는 모르 겠다. 마을에서는 대맥大麥을 생산하는데 듣자 하니 이곳의 특산품이라 고 했다. 반갑게도 포도와 사과도 소량으로 생산하고 있었는데 달았다. 이곳에는 수정 돌도 유명하다고 했다. 특이한 것은 빨간색의 나무줄기를 생산하고 있었는데 물어보니, 모료의 염료라고 했다. 면화도 생산되며 수 사樹絲라고 불리는 비단도 만들고 있었다. 홍색의 염료와 수교樹膠는 고 가의 특산품이라고 마을 사람들이 자랑했다.[36]

라싸의 강에 비해 외곽의 개울은 정감이 들었다. 사람들은 개울마다 저마다의 이름을 붙여주었는데, 데시데리는 '다와'라는 이름을 가진 개울에 애착을 느꼈다. 개울은 계곡을 가로지르기 때문에 햇빛이 잘 드는 양지바른 비탈면에 있거나 마을과 들판 사이에 있었다. 그렇지 않으면 습하고 그늘진 비탈면으로, 숲이 있고 야생동물들이 질주하는 곳에 있었는데, 데시데리는 그늘진 경사면에 있는 개울을 좋아했다. 거기에는 자신을 방해할 사람이 아무도 없어서 온종일 조용히 걷기에 좋았다. 데시데리는 오래전부터 소문으로만 듣던 '황금을 캐는 개미'에 대한 실체를 목격하기도 한다.

'레토아Retoa'라고 불리는 평원을 가로지르니 큰 호수가 나왔다. 그 주변에서 티베트인들이 엎드린 채 기어가는 모습을 발견했다. 아마도 순례자들의 오체투지 같았다. 호수는 바다처럼 끝이 보이지 않았다. 낚시를 하는 사람은 보이지 않았고 호수 주변을 걷는 사람들만 보였다. 허리를 숙이고 모래를 채취하는 사람들이 보였다. 믿을 수 없게도 그들은 금을 채취하고 있었다. 체계적이고 과학적인 방법으로 채광하는 모습은 아니었다. 그들은 비가 내릴 때까지 기다려 금을 채집했다. 평소에는 천막을 치고 뜨거운 태양을 피해 앉아 있었다.[37]

예수회만이 가지고 있는 진취적이고 적극적인 태도가 일상이 되어 라싸에서 선교활동에 매진하던 데시데리는 곳곳에 펼쳐진 대자연을 보고 경탄했으며 특히 사원 안의 벽화와 불상을 보고 그 정교함과 아름다움에 흥분을 감추지 못했다. 자신이 성장한 유럽에 비해서 그곳의 아름다움은 문명의 손길을 타지 않은 야생적 상태를 간직하고 있었기 때문이었다. 그는 예수회 수사 이전에 인간으로서 라싸와 그 주변을 여행하면서 받아들이기 힘든 여러 가지 상황을 목격하고 감동하고 놀라고 흥분했는데, 무엇보다도 열악한 환경 속에서도 티베트인들이 만족해하며 살아가는 이유를 알고 싶었다. 그리고 결국 인간에 대한 한없는 연민과 사랑은 부유하고 충족한 환경보다는 결핍되고 부족한 상황에서 더욱더 발현된다는 것을 깨달았다. 그는 어떤 예수회 수사들보다 티베트인들의 신앙과 그 신앙의 근원을 알고 싶어 했다. 그래서 바람에 휘날리는 타르초를 바라보았으며, 송백향 더미나 야크 똥을 주웠다. 초원을 걸었고 꾸밈없는 하늘과 구름을 보았다. 그리고 마침내 그는 야크를 돌보는 목동의 얼굴에서 예수를 보았다. 예수회 신부로서 그가 한 일은 단지 히말라야 아래 라싸에 발을 딛는 첫 번째 수사가 되거나, 그들에게 하느님의 사랑을 전파하거나, 그것을 위해 건물을 짓거나, 언어를 배우고, 사람들과 교류하는 것만이 아니었다. 그는 신앙심의 가장 먼 한계선을 발견했고 그럼으로써 절망의 시작점을 찾아냈다. 그러면서 그는 진정으로 신을 두려워하는 법을 배웠다.

5. 환생자와 나눈 이야기

1846년. 라싸. 겨울. 파골 시장 입구.

데시데리는 오늘 전통시장을 둘러보기로 한다. 시장을 구경하면서 따뜻하면서도 걸쭉한 스프 같은 것, 그걸로 일단 요기를 하고 싶었다. 어느 도시를 가도 기분을 들뜨게 하는 시장은 있잖은가. 노점상들이 길

양쪽으로 보이기 시작한다. 삼륜 자전거도 줄지어 손님들을 기다리고 있다. 웅크린 채로 엎드려 있는 큰 개의 모습도 보인다. 그리고 그 개의 옆쪽에서 어떤 사람이 쭈그리고 앉아 있었는데 주정뱅이 같아 보였다. 또 그 주정뱅이처럼 보이는 사람 옆에는 고양이 한 마리가 머리를 쓰레기통에 처박은 채로 통 안을 뒤지고 있었는데 밖으로 살랑거리는 꼬리만 보면 표범처럼 윤기 있고 힘이 있어 보였다. 주정뱅이로 보이는 그 사람이 데시데리를 발견하고는 가까이 오라는 듯 손짓을 했다. 데시데리는 뒤를 돌아보았지만 아무도 없는 것으로 보아 자신이 당연한 듯했다. 데시데리는 그의 곁으로 갔는데 역시나 술 냄새가 물씬 풍겼다. 데시데리는 바로 몸을 돌렸다. 그러자 그 주정뱅이는 오히려 데시데리의 몸에서 이상한 냄새가 난다는 듯 땅바닥에 토하기 시작했다. "이곳에도 술에 취한 사람은 있구나. 그래. 거지와 술을 좋아하는 사람은 어디에도 있지." 데시데리는 쓰레기통 뒤로 펼쳐진 도로를 따라 걸어갔다. 도로 끝에는 광장으로 보이는 원형이 붉은색으로 그려져 있었는데 사람들이 둥글게 모여 있었다. 데시데리는 앞쪽으로 나아갔다. 자리를 잡고 앉았는데 옆에는 할머니처럼 생긴 어떤 소녀가 지팡이를 짚고 앞을 보고 있었으며 그 아이의 옆에는 보호자로 보이는 할아버지가 붉은 가삼을 입고 염주를 돌리며 서 있었다. 소녀의 등은 마치 곱사등이처럼 굽어 있었고, 등에서 삐죽 나온 것들이 하늘로 솟아 있었다. 공룡의 이빨을 닮은 등뼈 같았다. 데시데리는 하늘로 솟아오른 등을 보자 부드럽게 쓰다듬어 주고 싶었지만 그렇게 하면 소녀가 부끄러워할 거 같아 그렇게 하지 않았다. 분주하지만 질서 있게 모여 지켜보는 그곳에는 붉은 가면을 쓴 사람들이 나팔과 징 소리에 맞추어 춤을 추고 있었다.

데시데리 저건 뭐 하는 거죠?

소녀 (대답하지 않는다.)

할아버지 춤과 노래지요.

잠시 후 광장의 중앙으로 염소 한 마리가 끌려 나왔다. 염소는 특유의 표정으로 가만히 있다가 음-메, 하고 몇 번 소리를 내었다. 자신도 이상황을 모른다는 소리처럼 들렸다. 잠시 후 턱에 커다란 반점이 자리 잡은 라마승이 걸어오더니 염소를 바닥에 주저앉히고 턱을 몇 번 간지럽혔다. 염소는 기분이 좋은지 음-메, 하며 눈을 가늘게 떴다. 잠시 후, 라마승은 광장에 모인 사람들에게 인사를 한 후, 자신의 등을 염소의 등과 맞대고 앉더니 눈을 감는 것이 아닌가. 서로 등뼈를 맞대고 있는 모양이었다. 데시데리는 그 광경이 제법 흥미로워서 지켜보았다. "저건, 이곳에서만 있는 전통 공연인가? 지금 여긴 시장이니까. 어느 나라를 가도 시장은 늘 이런 풍경이 있잖아." 그는 그냥 감상하기로 했다.

입술을 오므려 휘파람을 부는 라마승.

눈이 동그라진 염소.

데시데리 인간과 동물이 등을 맞대고, 뭘 하는 거죠?

할아버지 소리를 전달해주는 게요.

데시데리 누가요? 저 사람이 염소에게요?

할아버지 맞소.

데시데리 그런데 왜, 저렇게 해요?

할아버지 뼈. 등뼈를 세우기 위해서지요.

데시데리 뼈요?

할아버지 뼈를 튼튼하게 하는 방법은 소리 전달이 최고요.

데시데리 그럼 지금 누가 누구의 뼈를 세우는 건가요?

할아버지 라마승이 염소에게.

데시데리는 다소 이해가 되었다는 듯이, 염소를 지켜보았는데 염소는 피가 얼굴로 몰렸는지 안면이 벌겋게 충혈되어 있었다. 그리고 잠시 후 염소는 참을 수 없다는 듯이 음-메, 하고 소리를 질렀는데 사람들은 그걸 보고 박수를 보냈다. 하지만 염소의 장기인 한결같은 표정은 금방 돌아왔다. 피가 쏠려 흥분되거나 아프다거나 힘들다거나 하는 적극적인 표정은 드러나지 않았고 수염만이 뾰족하게 앞으로 뻗어 있었다. 노래와 춤 그리고 염소와 등을 맞대고 경전을 암송하는 라마승의 공연이 끝나자 사람들은 알아서 흩어졌다. 할아버지와 그의 손을 잡고 있던 소녀도 사원 방향으로 걸어갔다.

포탈라궁.

환생자의 방.

앳된 얼굴이었지만 성숙하게 보이는 환생자의 얼굴을 보면서 데시데리는 그동안 학습한 티베트어로 인사했다.

데시데리 짜시데레.

환생자 환영합니다.

데시데리 사람들은 당신이 이곳의 신이고 영적 깨달음이 태초의 공기에 가깝다고 말합니다.

환생자 아닙니다. 난, 부처님의 말씀을 좋아하는 수행자일 뿐입니다. 나에게 복종할 의무는 없어요.

데시데리 사람들은 당신을 향해 엎드리거나 눈물을 흘리죠. 그게 복종의 표현 아닌가요?

환생자 아닐 겁니다. 난, 복종을 권유한 적이 없어요.

　　　　저만치 서서 두 손을 맞잡고 지시를 기다리는 시종.

　　　　　　　그를 보고 손짓하는 환생자.

환생자 당신은 이곳까지 오면서 몸이 아팠을 겁니다.

데시데리 네, 그랬습니다.

환생자 이곳에 올라오는 이방인들은 전부 그렇게 말하더군요.

데시데리 저는 올라오면서 눈의 소중함을 새삼 생각했습니다.

환생자 이유를 듣고 싶습니다.

데시데리 눈은 무엇이든 볼 수 있기 때문입니다. 저는 소리가 들리지 않아도, 먹지 않아도, 들리지 않아도 버틸 수 있지만 눈 없이는 살 수 없을 거 같습니다.

목소리를 올리는 데시데리.

가부좌를 튼 환생자.

환생자 그렇군요. 당신에겐 눈이 제일 중요하군요. 눈이 몸의 중심이라고 느껴집니다.

데시데리 눈은 혼자만의 독립적인 감각기관이 아닙니다. 사실 뇌와 귀와도 연결돼 있죠. 그러니까 뇌에 이상이 생기면 눈과 귀도 덩달아서 혼란이 오고 반대로 귀에 문제가 발생하면 결국 뇌에도 영향을 미친다는 겁니다. 마치 버섯과 멧돼지가 연결된 것처럼, 인간의 몸도 그래요. 저의 아버지는 말씀하셨죠. 솔직한 방식으로 생각하고, 단호한 방식으로 말을 하고, 감정적인 방식으로 추론하게 하고, 충동적인 방식으로 결정하게 하는 것은, 다름 아닌 눈과 눈동자 때문이라고 말이죠. 눈은 평생토록 자기 규율을 결정하는 잣대라고 하셨어요.

환생자 당신은 눈의 감각이 신체의 모든 부분에 영향을 미치고 결정한다고 보는군요. 그런가요?

데시데리 맞습니다. 눈에 이상이 생기면 몸 전체의 균형이 무너지기 때문입니다. 얼굴의 마비증세가 보이고 시력에도 문제가 생길 수 있습니다. 눈꺼풀과 뺨 심지어 입술도 장애를 겪죠. 물론 곧이어 청력에도 문제가 발생한다는 사실을 알아야 합니다. 한마디로 눈의 문제는 얼굴 전체로 번져나가 신경을 곤두서게 한다는 것입니다. 뇌, 눈, 귀, 뺨, 안면은 모두 연결되어 있기 때문입니다. 그러므로 인간의 눈은 신성하다고 할 수 있는 신비한 영역입니다. 눈 안의 동공과 수정체를 보세요. 같은 사람이 하나도 없습니다. 사람마다 손금이 다르듯이 말이죠.

❖

며칠 후, 데시데리는 환생자의 여름 별장이라고 불리는 노블링카로 초대받았다.

처음과 시작을 알 수 없는 하늘.

안과 밖을 구별할 수 없는 정원.

걸어 다니는 공작새.

데시데리 환생자여, 이곳은 마치 초원과 같군요. 넓고 시원합니다.

환생자 이곳은 저의 별장이자 정원입니다. 여름에는 시원하고 겨울에는 따뜻하죠. 온천도 있답니다.

데시데리 따뜻한 물이 나온다고요?

환생자 네. 물이 땅속에서 스스로 나옵니다.

그들은 야외 온천이 있는 곳으로 걸어가며 이야기를 나누었다.

환생자 어제의 이야기를 더 듣고 싶군요.

데시데리 네. 그러니까 눈은 당연하지만 보고 싶은 것만 쫓아다닐 수 있고 싫거나 거북하면 피할 수 있습니다. 감거나 외면하면 되거든요. 순간의 찰나에 대상과 사물을 쪼개어 바라볼 수도 있고요.

환생자 눈이 상처를 입거나 실명하면 어쩌죠?

데시데리 환생자여, 만약 그렇게 된다면 '상상의 왕'이 될 수 있습니다. 불행하게도 눈이 기능을 상실하면 아마도 귀나 다른 감각기관이 발달하게 될 겁니다. 보이지는 않지만 듣는 능력이 향상될 겁니다.

환생자 하지만 눈은 보이는 것만 볼 수 있습니다. 그러니까 당기는 방향으로만 반응한다는 겁니다. 아프고 시리고 눈물이 고이면 의지를 작용해 덮개를 덮어버립니다. 눈은 그래요.

데시데리 그야 당연합니다. 그게 바로 눈의 역할입니다. 눈은 밝고 환한 것을 좋아하고 어둠을 꺼립니다.

환생자 어쩌면 말이죠, 모든 것은 시시각각으로 바뀌고 사라지는데 한순간도 정지해 있지 않은데 눈은 그 모든 것을 멈추게 하는 힘을 가지고 있는 거 같아요. 눈은 보고 있는 것이 무엇이든 고정하고 죽이는 힘을 가지고 있다고 생각합니다. 우리가 아침에 눈을 뜨는 순간부터, 그 순간부터, 허공에 존재하는 먼지와 대기와 그사이를 오가는 작은 소리와 냄새는 끊임없이 움직이고 이동하고 무언가와 접촉하죠. 하지만 눈은 단지 변화하는 동작의 한순간을 그림으로 만들거나 획을 그어버려요. 그래서 순간 이동하거나 변해가는 어떤 형체를 잡아놓고 우리는 그것의 완전한 모습을 본 것처럼 설레는 것이 아닌가 말이죠. 우리가 보는 눈앞의 풍경들은 어쩌면 햇빛 때문에 순간적으로 떠오른 환영이거나 환상일 수도 있는데 우린 그걸 완전한 실제인 것처럼 기억하는 습관이 들지 않았나 생각합니다. 그래서 그런 기억은 순간적인 기분에만 영향을 주는 것이 아닌가 하는, 자신의 일시적인 순간만을 본다는 생각이 들어요.

당근처럼 환한 노을이 정원 곳곳의 꽃과 식물을 덮을 시간이 되자 그들은 드디어 돌담으로 가리어진 온천 앞에 이르렀다. 따뜻한 물이 바닦에서 몽글몽글 솟아오르고 있었다. 물속에 두 발을 넣고 담소를 나누고 싶을 정도로 물은 다정하고 따뜻해 보였다. 환생자는 물 쪽으로 가서 두 손을 합장하더니 무언가를 웅얼거렸다.

데시데리 뭘 하는 건가요?

환생자 보이지 않는 생명들에게 소리를 들려주는 겁니다.

데시데리 왜요?

환생자 눈에 보이지 않는다고 없는 건 아니죠. 그들에게 좋은 소리를 들려주면 그들은 소리와 냄새로 보답하죠. 소리 내어 읽는다는 것과 뱉어내는 것은 자신의 몸 상태에 긍정적인 영향을 미칠 뿐 아니라 주변의 대상들에게도 심지어 벌레, 동물, 곤충, 식물에게도 분명 좋은 일을 하는 겁니다. 그들도 귀가 있고 호흡을 하거든요.

환생자는 주머니에서 작은 주발을 꺼내더니 막대기로 부드럽게 돌려 쳤다. 소리는 점점 커지면서 바람에 올라타더니 공기에 떠다녔다.

데시데리 소리가 좋아요.

환생자 소리는 좋고 나쁨이 없어요. 소리는 그냥 들릴 뿐이죠. 좋은 소리나 안 좋은 소리는 없습니다. 그건 분별하는 마음과 집착에서 생겨나는 거라고 배웠습니다.

데시데리 그게 당신들이 말하는 '알아차림'인가요?

환생자 지금 이 순간의 소리와 냄새를 알아차리는 게 산란하고 복잡한 마음에서 벗어나는 방법이라고 배웠습니다.

환생자는 아이처럼 약간 창피해하는 목소리로 말했고, 데시데리는 몇 초 동안 고개를 천천히 주억거렸다.

❖

진홍색 태양이 발광을 마친 후, 그 발광의 열기가 진홍색 노을로 이어진 저녁, 두 사람은 포탈라궁 지붕에서 또 만났다. 장애 없는 바람이 작은 소리를 증폭시켰다. 데시데리는 종종 수줍음이나 오만함으로 오인하던 환생자의 침묵이나 대답은 이제 이곳에서 그와 같은 지위에 있는 사람에게 어울리는 태도로 여겨진다는 걸 알게 되었다. 게다가 그가 잘 감추지 못하던 아이 같지 않은 성숙함이나 지루함도 거리두기의 방법으로는 괜찮다는 생각도 들었다.

> **환생자** 코끼리, 나방, 벌, 사슴이 집착하는 것이 무엇일까요?
> **데시데리** 글쎄요.
> **환생자** 코끼리는 진흙의 촉감에 집착하고, 나방은 보이는 것에 집착하고, 벌은 향기에 집착하고, 사슴은 소리에 집착한다고 합니다. 그래서 그들 모두 윤회의 사슬에서 빠져나오지 못합니다.

환생자가 말한 코끼리의 코를 생각하며, 그러면서 나비의 벌어진 날개의 생각하며, 또 그러면서 사슴의 뿔을 생각하며 데시데리는 진홍색 노을과 환생자를 번갈아 바라보았다. 환생자는 자신이 사는 이 집, 그러니까 요새처럼 비밀스러운 이 궁을 밤새 걸어보라고 했다. 멋진 일이 생길 거라고 했다.

어둠이 자신의 속도를 숨긴 채 내려오자 환생자는 명상을 해야 한다며 자신의 방으로 돌아갔고, 그래서 남겨진 데시데리는 궁의 벽을 손으로 만지며 걷기 시작했다. 그러면서 이 시간이 되면 가슴이 뻐근하고, 등이 아프고, 얼굴이 화끈거리고, 가래가 고이기 시작한 것을 느낀 데시데리는 오래된 천식과 호흡곤란이 오면 어쩌나 걱정이 되었다. 그때 라마승 둘이 그를 보고 다가와 물었다.

라마A 밤의 여행자인가요?
데시데리 그렇습니다.
라마B 어디가 불편한가요?
데시데리 숨, 숨쉬기가 힘들어요.

그들은 데시데리를 방으로 안내했다. 작지만 정갈한 느낌을 주는 공간이었다.

라마B 여기서, 안정을 찾으면 돌아가세요.
데시데리 고맙습니다.

그렇게 말하고 그들은 왔던 방향으로 다시 돌아갔다. 양팔을 벌리고 두 다리도 팔자로 벌리고 눕자 가슴을 오목하게 눌러오는 느낌이 들었는데, 그건 공기의 흔들림 같은 것이었다. 두려움에 올라탄 공기의 진동. 주위의 모든 소리가 메아리처럼 들리고 피는 묽어진 듯했고, 공기의

5장 이폴리토 데시데리 245

밀도는 너무 높아서 뺨이 줄어든 기분이 들었다. 눈을 감고 두 손을 가슴에 얹었다. 새벽이 되었다. 창문 밖으로 달과 별이 윤회한다. 달은 빵처럼 별은 과자처럼 보였다. 바람이 숭숭 들어온다. 낮에 자신을 이곳으로 안내해준 라마승에게 물은 것이 생각났다.

데시데리 당신들은 이곳에 사는 수행승인가요?

라마 A 그렇습니다.

데시데리 당신들은 이곳에서 무엇을 하나요?

라마 B 우리는 별이 아직 떠 있는 새벽에 일어납니다. 뜨거운 버터차를 한 잔 마시고는 사원을 한 바퀴 돌지요. 여전히 별은 떠 있습니다. 배가 고프면 손을 뻗어 별을 먹기도 합니다. 별은 없어진 만큼 밤에 또 생기거든요. 아침 해가 뜰 때까지 이곳을 산책합니다. 그리고 방으로 돌아와 책을 읽습니다.

데시데리 책이요?

라마 B 네. 책.

데시데리 그리고요?

라마 죽을 먹고 걷습니다.

데시데리 또 걸어요?

라마 네. 점심 먹고 잠깐 낮잠을 자기도 해요.

데시데리 그건 좋네요.

라마 자고 일어나면 차를 마시고 책을 읽습니다.

데시데리 또요? 무슨 책이죠? 그림이 나오는 책인가요?

라마 아니요.

데시데리 그럼요?

라마 죽음에 이르러 깨달음에 가는 책입니다.

다음 날, 밤이 되자 어제 만난 그 수행자가 따뜻한 물을 가지고 왔다.

라마 이거 드세요.

데시데리 고맙습니다.

라마 숨은 괜찮아졌나요?

데시데리 조금요.

라마 물고기를 본 적 있지요?

데시데리 그럼요.

머리카락이 있으면 외모에 감명받을 듯한 라마승, 그가 밖으로 나가자고 했다. 데시데리는 큰 숨을 쉬고 그를 따라 나갔다. 그가 땅바닥에 물고기를 그렸다. 머리와 지느러미, 몸통과 꼬리. 부채처럼 펴진 꼬리 모양을 손가락으로 가리키며 그는 이것이 물속에서 살랑살랑 움직여 나아간다고 했다. 꼬리는 물고기 마음이 원하는 대로 움직인다고 했다. 꼬리가 먼저 움직이고 그다음에 몸통이 그리고 머리 부분이 따라서 움직이는 것이라고 그는 바닥에 그려진 물고기의 꼬리를 손가락으로 누르며 말했다.

라마 물속에서 이 꼬리가 부드럽게 살랑거리며 왔다 갔다 하는 것을 상상해요.

데시데리 그러면요?

라마 마음이 평화로워져요.

그렇게 말하고 그가 앞서 걸어가자, 데시데리는 그의 등을 보며 따라갔다. 사원은 어제보다 더 크고 넓게 느껴졌다. 초원은 한눈에 다 보이는데 사원 안은 구불구불하게 길이 나 있어 얼마나 크고 깊은지 헤아리기 어려웠다. 걷다가 건물의 모퉁이를 돌면 눈이 털에 가려진 개가 엎드려 힘없이 쳐다보기도 하고 평범하지만 위엄 있어 보이는 라마승을 만나기도 했다. 그는 앞으로 나아갔고 데시데리는 뒤따랐다. 사원 안에서는 어딜 가나 소리가 들렸다. 옴~, 하는 소리, 나무 앞에 서서 두 손바닥을 마주치며 무언가를 소리 내는 라마들의 소리, 셋이 나란히 앉아서 경전을 손으로 넘기며 읽는 소리, 넷이서 걸어가며 합창하는 소리, 새, 바람, 종, 나팔 소리가 사방에서 들여왔다. 사원은 소리로 가득했고 그 소리들은 냄새를 가지고 있었다. 데시데리는 그날 밤도 그곳에서 잤다. 그리고 밤이 내려오자 어제의 그 라마승이 또 왔다.

라마 걸을까요?

데시데리 좋아요.

둘만의 고요.

그 사이에 끼어든 달.

데시데리 어디로 가는 건가요?

라마 이 시간에 어울리는 이야기 하나 들려줄까요?

데시데리 좋아요.

달을 향해 손을 흔드는 라마.

그를 따라하는 데시데리.

라마 '외팔이 유목민과 염소' 이야기입니다.[38]

데시데리 듣겠습니다.

첫날입니다.

시장으로 향하는 유목민과 그가 끌고 가는 염소가 있었습니다. 주변에 뒤덮인 안개와 강한 바람을 뚫고 앞으로 나아가던 유목민과 염소는 불안함을 느낍니다. 그들은 마치 무언가에 쫓기는 듯, 긴박하고 불안한 표정을 하고 있습니다. 시장은 아직 멀었는데 너무 강한 바람 때문인지 갑자기 염소가 걸음을 멈추고 나아가기를 거부하기 시작합니다. 한쪽 팔이 불편한, 그의 왼쪽 팔은 어릴 적 나무에서 떨어져 불구에 가까웠는데, 그래서 그는 오른팔로 어르고 달래고 쓰다듬고 당근도 주어보았지만 염소는 꼼짝도 하지 않습니다. 결국 유목민은 시장으로 가는 것을 포기하고 집으로 돌아갑니다.

둘째 날입니다.

유목민과 염소는 문을 걸어 잠그고 온종일 잠을 잡니다. 이미 세상은 거친 태풍으로 한 치 앞을 볼 수 없을 정도로 변했습니다.

똑. 똑.

오후가 되어, 한 남자가 찾아왔습니다. 그는 배가 고프다며 남은 감자가
있으면 달라고 요청합니다. 유목민은 그를 집 안으로 들이고 물과 삶은
감자 하나를 건네줍니다. 자신의 정체를 밝히지 않는 그는 감자를 한입
에 먹고는 자신은 신을 믿지 않는다며 불평을 쏟아내기 시작했습니다.

남자 지금 세상이 지옥으로 변하고 있소.

유목민 태풍이 분다고 세상이 망하지는 않소.

남자 태풍이 가고 전염병이 올 것이요.

유목민 그건 봐야 아오.

남자 전염병이 가면 홍수가 날 것이요.

유목민 그걸 알 수 있는 자는 없소.

남자 그렇게 되면 사람들은 신이 화가 나서 인간에게 벌을 준다고 생각
할 것이오.

유목민 헛소리 그만 마시오.

남자 하지만 신은 없소. 단지 인간들의 죄만 있을 뿐이지.

셋째 날입니다.

갑자기 마차를 타고 나타난 부랑배들이 유목민 마당의 우물물을 마음대
로 떠먹고 염소를 희롱합니다. 그들을 목격한 유목민은 격분하여 도끼를
들고 나가 그들을 내쫓습니다. 부랑배들은 온갖 욕설과 저주를 퍼부으면
서 그러면서도 책 한 권을 그곳에서 놓고 사라집니다.

넷째 날입니다.

유목민의 우물물이 갑자기 말라버립니다. 부랑배들의 저주가 통한 것일까요. 유목민은 당황하여 염소를 데리고 집을 떠날 결심을 합니다. 모든 세간을 끌어 모아 마차에 싣고 집을 나섰지만 거세지는 바람과 비에 가로막혀 어쩔 수 없이 집으로 되돌아옵니다.

다섯째 날입니다.

어찌 된 일인지 집안의 촛불이 스스로 꺼집니다. 유목민과 염소는 불빛이 사라진 절대적인 어둠 앞에서 아무것도 할 수 없었습니다. 그저 멍하니 앉아 있다가 잠을 청할 수밖에 없습니다. 감자를 먹을 수도, 경전을 읽을 수도 없습니다. 그렇게 하루가 갑니다.

여섯째 날입니다.

아침이 되자 유목민은 힘겹게 생감자를 씹습니다. 염소는 아무것도 먹지 않고 허공만 쳐다봅니다.

데시데리 그리고요?

라마 끝입니다.

데시데리 끝이라고요?

라마 네. 이야기는 여기까지입니다.

데시데리 아무것도 짐작할 수가 없군요.

라마는 아무런 해설이나 설명도 없이 전진하고 데시데리는 곰곰히 생각하며 그를 따라간다. 하늘에 걸려 있는 이 궁은 두께도 없고, 안과 밖도 찾을 수 없고, 구멍이나 틈도 없는 거대한 원을 생각나게 한다. 데시데리는 시간을 생각한다. 시간만큼 분명하고 투명한 대상이 있을까. 오지 말라고 거부해도 시간은 꼭 그만큼의 시간이 지나면 온다. 시간은 인간의 성장, 사랑, 노화, 슬픔의 추상적 흐름을 모두 지켜본다. 내가 누구와 어떻게 연결되어 있고 어디로 나아가는지 어떻게 소멸의 방향으로 흘러가는지 안다. 시간 앞에선 하늘을 나는 새나 앞발을 들고 일어선 사마귀도 자신의 몸을 숨길 수 없다. 오로지 시간만이 명확하고 죄가 없다.

데시데리 어디로 가는 건가요?

라마 동물원이요

데시데리 이곳에 동물원이 있어요?

라마 가보면 알아요.

동물원 입구.

라마 여기서부터는 각자 걷는 것이 좋겠어요.

데시데리 왜요?

라마 그래야 고요함을 느끼죠. 혼자 걸어야 소리도 들리고 냄새도 맡고.

데시데리가 움직이지 않고 주춤하자, 그는 괜찮다고, 어디서든 소리를 지르면 자신이 뛰어오겠다고 했다. 그러면서 이 밤을 온전히 만끽하라고, 보고 싶은 동물들은 알아서 보고, 다시 만나자고 했다. 밤은 낮과는 다르니 동물들의 소리도 다를 거라고, 그들이 뱉어내는 냄새도 농후할 거라고 했다. 혹시 불면증에 걸린 동물이 울타리를 넘어 사원 담장 밑에 있을지도 모르니 조심하라고 했다. 데시데리는 왼쪽으로, 그는 오른쪽으로 걸어 들어갔다.

데시데리는 다소 으스스한 분위기가 가득한 길을 걸어가면서 그가 일러준 대로 동물들이 내는 소리를 들으려고 귀를 기울였다. 맨발로 걸으며 숨도 최대한 작게 내뱉었다. 하지만 귀에 익숙한 동물의 울부짖음이나 애정의 교태 같은 소리는 들리지 않았고 뭔가가 계속해서 버스럭거리고, 휘파람 소리와 비슷한 하지만 좀 윙윙거림이 있는 소리만이 들려왔다. 한참을 걸어가자니, 앞에 누군가 서 있는 모습이 보였다. 두 발로 서 있는 것으로 보아 동물은 아닌 듯했는데 그 또는 그녀로 보이는 사람은 등을 지고 서 있었다.

저기, 사람인가요?

아무런 대답이 들려오지 않았다. 다가갔다. 맨발임에도 불구하고 소리를 들었는지 그가 휙 하고 돌아섰다. 가르마를 반듯하게 타고 맨발로 선 할아버지가 눈에 들어왔다. 라마승은 아니었다. 이 시간에 그는 저녁을 먹고 산책을 하며 자신만의 기분을 즐기고 있는 수의사인가? 그의 얼굴을 좀 더 구체적으로 확인하고 싶었다. 할아버지는 헐겁고 구멍이 난 헝겊을 걸치고 있었는데 눈은 졸린 듯 힘이 없어 보였다. 광대뼈 밑에 갈색 점이 유난히 도드라져 보이는 거리까지 다가가자 할아버지는 데시데리를 향해 두 팔을 벌렸다. 마치 오랜만에 보는 손자를 포옹하려는 자세였다. 데시데리는 다가가다가 순간적으로 멈추었는데 그건 그의 손에 쥐어진 기다란 장대 때문이었다.

데시데리 여기서 누굴 기다리시나요?

할아버지 지금 떠나야 할 시간이야.

데시데리 (딴청을 부리며) 밤공기가 시원하고 좋군요.

할아버지 가야 한다고 했지. 따라와.

길은 여러 갈래였고 처음 보는 울타리, 웅덩이, 호수, 담벼락, 철조망 등이 연이어 나타났다. 데시데리는 불안했지만 내색하지 않았다. 소리를 지르면 언제라도 라마가 달려와 준다고 하지 않았던가. 그는 말보다 빠른 속도로 달려올 것이다. 뒤에서 보니 할아버지의 옷은 젖어 있었다. 비를 맞은 것인지 물에 빠진 것인지 옷은 무겁고 신중하게 할아버지의 몸에 달라붙어 있었고 걸음을 옮길 적마다 발은 미끄러워 보였다.

데시데리 얼마나 더 가요?

할아버지 조금만 더. 거의 다 왔어.

하지만 그 후로도 할아버지는 한참을 걸었고, 머지않아 동이 틀 거 같은 기분이 들 때서야 비로소 어딘가에 도착했다. 그곳은 여전히 동물원 안으로 짐작되었는데 사원 앞마당보다는 작은 크기의 벌판이었다.

바다에 늘어진 열기구.

거대한 풍선.

할아버지 흥분하지 말고 타.

데시데리 타라고요?

할아버지 마침 바람이 부는군. 올라가기 수월하겠어.

데시데리 비나 눈, 우박이 오면 어쩌지요?

할아버지 그럼 더 재미있지.

열기구는 바람을 타고 하늘로 오르기 시작했다.

할아버지 두 사람 이상은 못 타.

데시데리 왜요?

할아버지 무겁잖아.

데시데리 어지럽거나 구토가 나면 어쩌죠?

할아버지 아래를 보지 말고 저 멀리 앞, 풍경을 봐. 그럼 돼.

데시데리 이 거대한 풍선을 어떻게 만든 거예요?

할아버지 사람 가죽으로 만들었지.

데시데리 네에?

할아버지 인간의 껍데기는 방수가 잘 돼.

그 말을 하고 할아버지는 데시데리의 몸을 천천히 훑어보더니 이빨을 위아래로 딱딱 부딪쳤다. 데시데리는 순간적으로 두 팔을 오므려 몸을 움츠리면서 바닥에 쭈그려 앉았는데 구석에서 가위와 칼, 망치와 삽이 가지런히 놓여 있는 것을 발견했다. 순간 심장이 멈추었다가 다시 뛰는 것을 느꼈는데 데시데리는 그걸 감추려고 질문을 했다.

데시데리 이 거대한 풍선은 뭐가 좋은 거죠?

할아버지 인간이 쏘는 활이나 돌이 닿지 않는 곳까지 날아가지.

데시데리 근데, 이건 왜 만든 거예요?

할아버지 우린 이걸 타고 도망갈 거야.

데시데리 우리요?

할아버지 빙하가 녹아 홍수가 나면 우리 티베트인들은 이걸 타고 하늘로 올라갈 거야.

데시데리 그리고요?

할아버지 인간이 없는 곳으로 가야지.

순간 데시데리는 이 할아버지가 지구의 종말이 오면 티베트인들과 그들이 애착하는 동물들을 데리고 아무도 모르는 낙원으로 떠나야 하는, 그 책임을 지고 있는 지도자가 아닌가 하는 생각이 들었고, 그런 생각이 들자 할아버지를 다시 쳐다보게 되었다. 검버섯이 듬성듬성 얼굴에 번지고 있는 할아버지는 그윽하지만 고독한 눈빛을 하고 있었다.

강한 바람이 불자,

줄을 잡아당기는 할아버지.

할아버지 행복이 무슨 감정인지 아나?

데시데리 난, 하느님의 사랑을 전할 때 기쁨을 느껴요.

할아버지 눈에 보이지 않는 것에 정성을 들이고 시간을 써야 해.

데시데리 그래도 눈에 보이고 손에 잡히는 게 좋아요. 그게 확실하잖아요.

할아버지 애송이로군. 그 뒤, 너머를 생각해야지.

열기구는 이미 궁을 벗어나 설산 상공으로 향하고 있었다. 하늘에서 라싸를 내려다보는 일은 장관이었다. 라싸는 생각보다 오밀조밀했고 크고 작은 사원과 집들이 촘촘히 있었다.

데시데리 어디로 가요?

할아버지 호수.

데시데리 호수요?

할아버지 밤에 보는 호수는 평화롭지.

열기구는 차분하고 부드럽게 나아간다는 느낌이 들었다. 바람을 타고 이동하는 느낌은 평화로웠다.

할아버지 바람은 소중한 자원이지.

데시데리 그럼요. 시원하고 무엇보다 공짜죠.

할아버지 바람은 물체를 부드럽게 이동시키지. 상처나 흔적을 남기지 않고 말이야. 물도 그래. 아무리 무거운 물체라도 물은 상처를 입히지 않고 태워주지.

검은 웅덩이 위.

멈춘 열기구.

할아버지 아래를 봐.

데시데리 아무것도 안 보여요.

할아버지 저, 검은 웅덩이가 호수야.

데시데리 모르겠어요.

할아버지 가만히 들어봐. 소리가 들릴 거야.

데시데리 어떤 소리요?

할아버지 냄새도 올라올 거야.

데시데리 물에서요?

할아버지 그게 물의 본질이야.

데시데리 밤이라 아무것도 알 수 없어요.

할아버지 측정할 수 없을 뿐이지. 그래서 소리와 냄새를 맡는 거야.

데시데리 내려가서 확인하는 게 낫지 않을까요?

할아버지 아니 여기서 감상하지. 여명이 올 때까지.

새벽에서 아침으로 옮아가는 공기는 온화했고 달은 우리들의 열기
구를 비추어주었다. 데시데리는 그날 처음으로 호수의 소리와 냄새를
맡았고 허공에 떠 있는 기분이 어떤 것인지를 느꼈다. 그건 경험해보지
않으면 설명할 수 없는, 바로 그 시간에 그 공간에 없으면 느낄 수 없는
기분이었다.

다시 이동하는 열기구.

할아버지 뭐가 보이지?

데시데리 저건, 빙하인가요?

할아버지 어때?

데시데리 환하고 빛나요.

할아버지 저, 아래를 봐.

데시데리 왜요?

할아버지 뭐가 보이지?

데시데리 아이가 보여요.

할아버지 그래. 그럴 거야.

데시데리 저 아이는 뭘 하고 있는 건가요?

할아버지 빙하를 보고 있지.

데시데리 왜요?

할아버지 소중하니까.

데시데리 뭐가요?

할아버지 빙하는 땅과 하늘을 지키는 힘이 있어. 낮에는 시원하고, 밤에는 따뜻하지. 그리고…

데시데리 그리고요?

할아버지 세상을 연결하지. 외면되거나 방치되는 그 무엇에도 말이야.

에필로그

여행자, 알렉산드라 다비드 넬
식물학자, 조지 포레스트
산악인, 하인리히 하러
탐험가, 스벤 헤딘
예수회 수사, 이폴리토 데시데리

티베트로 올라온 그들에게 환생자는 같은 이야기를 똑같이 들려주었습니다.

내가 초원에서 걷기 명상을 하고 있을 때였어요. 근원을 알 수 없는 병이 든 소녀, 체링이라는 이름을 가진 아이를 만난 적이 있습니다. 아이는 온종일 겔(유목민들의 이동식 천막)에 누워 있었는데 내가 보기에도 심상치 않아 보였어요. 죽음이 가까워지면 사람들은 정상적인 얼굴로 보이려고 애쓰는데 사실 조금만 자세히 보면 그들은 모두 얼굴이 흐릿하거나 가장자리가 약간 깜빡거리는 모습을 보인답니다. 또 그들의 몸은 매일 조금씩 줄어들어요. 허공에서 차지하는 비중도 그만큼 줄어들고요. 본인만 모를 뿐이죠. 금방 죽을 거 같지만 그런 호흡과 맥박으로 며칠을 버티거나 몇 달을 견디는 사람도 있습니다. 그러다가 마지막 순간이 오면 그때 몸이 확 줄어듭니다. 어림잡아 한 뼘 정도 작아지는데, 특히 광대뼈 주변이 애처로울 지경으로 홀쭉해지죠. 나는 알아요. 그런 경우를 많이 보았거든요. 그날 나는 아이 곁으로 다가가 물었습니다.

환생자 누워만 있으니까 답답하지?

아이 네. 심심해요. 그런데 좋은 점도 있어요.

환생자 그게 뭘까?

아이 시간이 늘어나요.

환생자 시간?

아이 정말이에요. 난, 나만의 시간이 늘어나는 걸 느껴요.

환생자 부럽구나. 그럼, 말해줄 수 있겠니? 너만의 시간이 늘어나는 법을 말이야.

아이 이런 거예요. 나같이 온종일 바닥에 누워서, 아침부터 저녁 무렵까지 아기같이 조용히 잠만 자는, 아주 가끔 깨어나 움직여도 달팽이처럼 움직이는 환자는 그러니까 느리게 사는 사람은 하루의 시간이 조금씩 늘어나요.

환생자 늘어나?

아이 그럼요. 셈을 해봤어요. 내가 여기에 누워 온종일 움직이는 시간은 고작 몇 분도 안 되는데 지금까지 삼 년이 넘어가니까 얼마나 많은 시간이 모아졌을까요. 아침부터 밤까지 잘도 흘러가는 시간을 난 안 쓰고 모아둔 셈이죠.

그때, 겔 안으로 아이의 엄마가 들어왔다가 나를 보더니 바로 나가더라고요. 울었는지 얼굴이 벌겋고 숨소리가 거칠었지요.

환생자 그럼, 그 모아둔 시간을 어떻게 하지?

아이 필요한 날에 꺼내서 쓰는 거죠.

환생자 언제, 무엇을 위해 쓰지?

아이 내가 모아둔 그 시간을 꺼내면 그 시간에는 모든 것들이 멈추죠. 사람도, 동물도, 초원의 바람도, 구름도, 세상의 모든 혼탁한 소리와 움직임이 멈춰요. 나만을 위해서요. 그럼 나는 얼른 무료한 이곳에서 나가 내가 보고 싶은 사람들에게 달려가죠.

환생자 가족이겠구나?

아이 그럼요. 사랑하는 사람들이죠. 그런데 갈 때마다 엄마는 초원에 앉아 울고 있고, 아빠는 돌탑을 쌓고 있더라고요. 오빠는 내가 들어갈 만한 것으로 보이는 땅을 파고 있고, 언니는 야크의 머리를 쓰다듬고 있어요. 시간이 멈추었기 때문인지 그들은 동작을 멈추고 가만히 있어요. 내가 말을 붙여도 어깨를 쳐도 어떤 반응도 움직임도 없어요.

거기까지 말한 아이는 헐렁헐렁하고 단조로운 자신이 입은 옷에 가득 스며들고 퍼진 고통과 슬픔의 냄새를 맡은 듯 잠시 괴로운 표정을 지어 보였어요.

환생자 (아이의 뺨을 바라보며) 숨. 숨을 천천히 쉬어.

아이 네. 하지만 말을 마저 하고 싶어요.

환생자 천천히 말해보렴.

아이 나는 그들에게 다가가 하나하나 손과 발, 얼굴 방향을 수정해주어요. 머리를 감싸고 울고 있는 엄마의 양팔은 펴서 포옹하는 자세로 해주었고, 아빠에게는 사랑한다는 그림을 그려놓은 돌을 눈에 보이는 곳에 두어요. 새벽임에도 불구하고 내가 들어갈 땅을 삽으로 파고 있는 오빠에게는 튼튼한 곡괭이를 선물하고, 언니에게는 뭘 해줄까 생각하다가 나만큼 애지중지하는 야크를 위해 배추와 상추를 뜯어다가 언니의 주머니에 넣어주었어요. 그리고 아침이 오기 전에 얼른 나의 자리, 여기로 돌아와 다시 누워요. 그러면 평화로운 기분이 들어요.

거기까지 말한 아이는 개운한 표정을 짓더니 눈을 서서히 감았어요. 그 사이 아이의 뺨은 창백한 냉기를 발산하더니 쏙 하며 쪼그라든 느낌이 들었습니다. 그날 밤, 나는 초원에서 어둠을 노려보던 아이의 엄마와 이야기를 나누었습니다.

엄마 몸의 중심이 어디일까요?
환생자 마음이라고 생각해요.
엄마 정말, 그럴까요?
환생자 아닌가요?
엄마 아닙니다.
환생자 그럼, 어디인가요?
엄마 … 가장 아픈 곳이죠. 밥도, 물도, 그 어떤 것도 먹을 수 없고, 잠도 잘 수 없게 만드는 것, 바로 그곳이 몸의 중심입니다.

책을 쓴 이유입니다. 여행한다는 것, 몸의 방향을 정하고 어딘가로 향한다는 건, 그건 몸의 중심을 생각하는 것이고, 절망적인 공간에서 무너져가는 균형을 잡으며 자신의 결핍과 한계를 절감하는 것입니다. 그러면서 내 몸의 중심이 지구의 중심이고 우주의 중심이라는 깨달음을 얻는 시간이기도 합니다. 어쩌면 티베트에서 무엇을 보고, 누구와 만나고, 어떤 풍경과 감흥을 겪었는지는 중요하지 않을지도 모릅니다. 그보다 티베트는 세상의 아픈 곳, 결핍된 곳, 고통스러운 곳, 가려운 곳, 상처받은 곳으로 우리가 나아가야 한다는 깨달음을 알려주는 공간이라고 생각합니다. 우리 몸의 중심이 아픈 곳이듯이 세상의 중심도 아픈 곳이라고, 그곳으로 나아가 설 때 자신이 비로소 세상의 중심이 될 수 있다는 사실을 알려주는 곳이라고 생각합니다.

아름다움은 밝고 찬란한 장소보다는 작은 틈이나 어두운 구멍에 숨어 있습니다. 티베트로 향한 사람들은 그것 또는 그들을 포착했다고 생각합니다. 아름다움은 친밀한 교재의 대상이 아니라 단지 관조의 대상이며 또한 오직 그렇게 남아 있을 때만이 가치를 발휘하기 때문입니다. 아름다움은 절망적인 장소에서만 움직이기 때문입니다. 또한 아름다움은 말수가 적다는 공통점을 가지고 있고, 불친절하게 보일 정도로 과묵하며, 별다른 취미를 갖고 있지 않고, 소극적이고 밋밋한 일상을 살고 있으며, 세속적인 인기나 소문에 초연한 형체를 가지고 있기 때문입니다. 그러므로 아름다움의 실체는 색色으로 드러나거나 무게를 달거나 크기를 잴 수 없습니다.

책 속에서 소개한 다섯 명의 주인공들은 바로 이런 여행의 본질을 깨달았을 것이라는 생각이 듭니다. 그들은 지구에서 가장 절망적인 장소로 절박함을 가지고 향했습니다. 그곳은 당연히 위험하고 아무것도 없고 지도에 명확하게 나와 있거나 정보가 풍성할 리 없는데도 말이죠. 오늘날 현대인들이 환호하고 기대하고 있는 인공지능이나 디지털 혁명, 거기서 더 나아가는 우주의 발견과 정착, 그러면서도 분리할 수 없는 슬픔과 불안, 현재와 미래, 소망과 욕망의 근원은 이미 오래전 티베트로 향한 사람들에서 경험했다는 생각이 듭니다. 새 한 마리가 창공을 배회하거나 태양 속으로 직진하는 몸짓도 다 이유가 있기 마련이듯이 말이죠.

* 이 책을 끝까지 쓸 수 있게 배려해주신 아모레퍼시픽 재단의 '아시아의 미' 운영위원회 여러 선생님께 감사함을 전합니다.

주

프롤로그

1 당시 유럽 각국은 다른 나라에 앞서 낯선 해역을 먼저 파악하여 자국 소유로 삼으려 하는 동시에, 세계에 대한 과학 지식을 늘리고자 했다. 과학과 정치, 군사 측면은 내적으로 긴밀히 연결되어 있었기 때문이었다. 예를 들면 태평양 항해는 당시 유럽 국가들 사이에서 경쟁의 주요 무대였는데 영국의 제임스 쿡(1728~1779) 선장은 이 지역을 탐사하는 데 성공한다. 당시 그의 항해는 수로(水路) 파악, 지도 제작, 바다와 섬들의 관계, 심지어 망원경과 천문학에 관한 지식이 상당한 수준에 올라있음을 보여주었다. 그는 1768~1779년 세 차례에 걸친 항해를 통해 남극과 북극, 호주 남쪽 태즈메이니아, 아르헨티나 남쪽 티에라 델 푸에고, 아메리카 북서부 해안, 시베리아 북동단 해안을 두루 탐사하는 데 성공했고, 유럽의 세계 패권 장악을 위한 기틀을 마련했다. 주경철, 〈주경철의 히스토리 노바〉, 《조선일보》, 2022.8. 참조.

1장 알렉산드라 다비드 넬

1 1868년 7월 14일 더럼 지방의 워싱턴 뉴 홀에서 태어난 그녀는 런던의 퀸스칼리지를 거쳐 옥스퍼드대학에 입학, 1888년 20세 때 여성 최초로 현대사를 전공하여 학사 취득 자격시험을 통과했다. 당시 옥스퍼드는 여성에게 학위를 주지 않았기에 학위를 취득하지는 못했다. 옥스퍼드에서 공부한 그녀는 당시 평범한 여성의 삶이라고 볼 수 없는 길을 걷기 시작한다. 6개월간 페르시아어를 공부한 후 1892년 주이란 대사로 봉직하고 있던 이모부를 만나기 위해 이란의 수도 테헤란으로 떠난 것이다. 그곳에서 젊은 외교관 헨리 카더건을 만나 결혼하고자 했으나 벨 집안의 반대로 뜻을 이루지는 못한다. 박현도, 〈이슬람 들여다보기: 거트루드 벨, 이라크를

만든 여인〉,《월간조선》, 2016.11.

2 정효정, 〈19세기 여성 여행자들의 위대한 도전〉,《오마이뉴스》, 2018.6.18. 참조.

3 이사벨라 L. 버드 비숍, 박종숙·김태성 옮김,《양자강을 가로질러 중국을 보다》, 효형출판사, 2005; 이사벨라 L. 버드 비숍, 신복룡 옮김,《조선과 그 이웃 나라들: 한 말 외국인 기록》(개정판), 집문당, 2019.

4 1847년 미국 펜실베이니아에서 태어났다. 미국의 아프리카 탐험대를 이끈 최초 의 여성이다. 탐험 당시 43세였다. 1891년 그녀는 138명의 현지인을 고용해 동아 프리카의 35개 부족을 방문했다. 그녀가 출간한 책《술탄에서 술탄으로》에 따르면 그녀는 킬리만자로 산기슭에서 마사이족의 마음을 돌리기 위해 번쩍이는 무대 의 상을 입고 금발 가발을 쓰기도 했다. 심지어 조명 로켓까지 터트렸다고 한다. 그렇 게 아프리카 사람들에게 백인 여왕으로 깊은 인상을 준 그녀는 베베 브와나(Bebe Bwana)로 불렸다. 지리학과 인종학에 큰 영향을 미쳤고 1892년 런던 왕립지리학 회 회원이 되었다. 정효정, 앞의 글 참조.

5 http://www.ohmynews.com/NWS_Web/View/at_pg.aspx?CNTN_CD=A000244 3672.

6 정미금 글, 반윤옥 그림,《세상 모든 탐험가의 탐험 이야기 2》, 꿈소담이, 2008.

7 막달레나 쾨스터, 주자네 헤르텔 엮음, 김경연 옮김,《길들일 수 없는 자유》, 여성신 문사, 1999. 그녀를 주인공으로 한 영화 〈카피리스탄으로 가는 여행〉(2001)을 보 면 터키와 이란을 거쳐 이스탄불에 도착하는 여정과 30대 유럽인 여행가들의 심리 상태를 짐작할 수 있다. https://blog.naver.com/sambolove/221693793388

8 알렉산드라 다비드 넬, 김은주 옮김,《영혼의 도시 라싸로 가는 길》, 르네상스, 2008.

9 Alexandra David-Neel, Gretter, Susanne, Eva Moldenhauer trans., *Mein langer Weg in die verbotene Stadt: Briefe aus Tibet*, Edition Erdmann, 2018.

10 http://www.ibulgyo.com

11 알렉산드라 다비드 넬, 앞의 책(2008).

12 알렉산드라 다비드 넬, 김은주 옮김,《티베트 마법의 서: 티베트의 밀교와 주술 세계》, 르네상스, 2009, 147쪽.

13 바버라 포스터, 마이클 포스터, 엄우흠 옮김,《백일 동안의 여행》, 향연, 2004, 236~237쪽.

14 이 부분은 파울로 코녜티의《여덟개의 산》(현대문학, 2017)에서 일부 인용 또는 각색함.

15 투모는 크게 두 종류가 있는데 외적 투모와 내적 투모가 그것이다. 전자는 무아경
 에 있는 동안 자연스레 발생해서 자신을 부드럽고 따뜻한 신들의 외투로 덮는 것
 이고, 후자는 훈련을 통해 수행자의 몸을 따뜻하게 하는 것이다. 알렉산드라 다비
 드 넬, 앞의 책(2009), 293쪽.

16 위의 책, 295쪽.

17 위의 책, 273쪽,

18 심혁주,《소리와 소리에 관한 기이한 이야기》, 궁리, 2019, 67쪽.

19 〈서양 여성 최초의 티베트 여행기〉,《불교신문》, 2002.

20 이 이야기는 필자가 2010년 중국 청해성 옥수티베트 자치주 니종사(尼宗寺)라는
 티베트 불교사원에서 머물 때 활불과 나눈 이야기를 정리한 것이다. 리사 펠드먼
 배럿이 지은 책《감정은 어떻게 만들어지는가?》(생각연구소, 2017)에서도 비슷한
 이야기를 설명하고 있고 박문호 박사님의 유튜브 강연에서도 같은 이야기를 하고
 있다.

2장 조지 포레스트

1 스테파노 만쿠소, 김현주 옮김, 류충민 감수,《식물을 미치도록 사랑한 남자들》,
 푸른지식, 2016.

2 유길준, 허경진 옮김,《서유견문: 조선 지식인 유길준, 서양을 번역하다》, 서해문집,
 2004, 367~378쪽; 박상락, 〈위생문답〉,《태극학보》 6, 1907, 37쪽.

3 린네의 생물 분류법에 따르면 이렇다. 인간은 동물계(界) - 척삭동물문(門) - 포유
 강(綱) - 영장목(目) - 사람속(屬) - 사피엔스종(種)인데 목과 속 사이에 이후 추
 가된 과(科) 분류상 인간은 고릴라, 오랑우탄, 침팬지 등과 함께 사람과에 속한다.

4 이종찬,《열대의 서구 조선의 열대》, 서강학술총서 91, 서강대학교출판부, 2016,
 21~22쪽.

5 자연에서 경제적인 이득을 취한다는 자연과학의 숨겨진 목적은 '식물학'의 발전을
 부추겼다. 영국인 알렉산더 윌리엄슨(Alexander Williamson, 韋廉臣)이 집역(輯譯)
 하고 중국인 이선란(李善蘭)이 필술(筆述)한《식물학》이라는 책은 이런 배경에서
 나왔다고 볼 수 있다. 집역자 윌리엄슨은 1877년 상하이에서 조직된 익지서회(益智
 書會)를 감독하던 서양학사 6인 중 한 사람이었다. 여기서 말하는 서양학사 6인은
 정위량(丁韙良, 윌리엄 마틴), 위렴신(韋廉臣, 알렉산더 윌리엄슨), 적고문(狄考文,

칼빈 윌슨 매티어), 부란아(傅蘭雅, 존프라이어), 임낙지(林樂知, 알렌), 여역기(黎力基, 루들프 레슬러)를 말한다. 이 단체는 중국에서 선교와 서양의 지식보급을 위해 조직된 단체였다. 식물학의 영어 원본은 영국인 식물학자 로버트 손튼(Robert J. Thornton)이 1812년에 저술한 *Elements of Botany*이다. 이와 함께 유통된 식물학 책은 영국 선교사 에드킨스(Joseph Edkins)가 중국어로 번역한 《식물학계몽》이었는데 영어 원본은 1877년 조지프 후커(J. D. Hooker)가 저술한 *Botany*로 알려져 있다. 허재영, 〈근대 중국의 서양서 번역 보급과 한국 근대학문에 미친 영향 연구〉, 《한민족 어문학》 76, 2017, 23쪽.

6 올가 토커르추크, 최성은 옮김, 《다정한 서술자》, 은행나무, 2022 참조.

7 마크 엘빈, 정철웅 옮김, 《코끼리의 후퇴: 3000년에 걸친 장대한 중국 환경사》, 사계절, 2011.

8 박영진, 〈17세기 네덜란드 꽃 정물화 연구: 사회경제사적인 관점에서〉, 이화여자대학교 대학원 석사학위논문, 2007.

9 1623년에 튤립 구근 1개는 120길더에 달했다. 숙련기술자가 1년 내내 300길더도 벌지 못했고, 5인 가족의 1년 생활비가 280길더에 불과했던 시기였다. 1633년에 가장 유명한 셈페르 아우구스투스 구근의 가격은 개당 500길더였는데 1637년 1월에는 1만 길더로 치솟았다. 1만 길더는 당시 세계에서 주택가격이 가장 비쌌던 암스테르담에서 마차 차고와 250평방미터(75평)의 정원이 딸린 큰 저택을 살 수 있는 돈이었다. 1637년 1월 마지막 주와 2월 첫째 주에 튤립 열풍이 절정에 달했다. 1637년 2월 첫째 주에 튤립 시장이 무너졌다.

10 그 시절 튤립 값이 5500길더였다는 기록도 전하는데, 현재 가치로 환산하면 약 2억 원에 해당한다.

11 토비 머스그레이브·윌 머스그레이브·크리스 가드너, 이창신 옮김, 《식물 추적자》, 넥서스, 2004.

12 https://blog.naver.com/jo1heon/90195699232.

13 토비 머스그레이브, 윌 머스그레이브, 크리스 가드너, 이창신 옮김, 《식물 추적자: 식물을 찾아 세계를 탐험한 사람들의 모험과 도전》, 넥서스BOOKS, 2004.

14 Smyth, N., *Augustine Henry's Chinese expeditions*, Trinity College Dublin, 2002 참조.

15 이 부분은 문헌(Augustine Henry, "the forgotten plant hunter", *Country Gardener*, Vol. 127, UK, September 2014)을 참조하여 저자가 각색한 것이다.

16 Kew Royal Botanic Gardens, *Chinese Wilson: Life of Ernest H. Wilson, 1876-1930*,

Great Plant Collectors S., Stationery Office Book, 1993.

17 oward, Richard. E. H. "Wilson as a Botanist" Part I(PDF), 1980.

18 사냥꾼에 관한 일화는 필자의 상상으로 꾸며낸 이야기이며, 정영문의 책《나를 두
　둔하는 악마에 대한 불온한 이야기》(세계사, 2000)를 일부 인용하거나 참조.

19 킬마녹 아카데미는 스코틀랜드의 킬마녹에 위치한 주정부 공립 중등학교로, 현재
　뉴 팜 로크(New Farm Loch) 지역의 서덜랜드 드라이브에 위치하고 있다. 위키피
　디아 참조.

20 Brenda McLean, *George Forrest: Plant Hunter*, Antique Collectors' Club, 2004, p.16.

21 위의 책, p.18.

22 아사 그레이는 1810년 뉴욕 북부 작은 도시에서 출생했다. 그는 의과대학에 다닐
　때 뉴욕 최고의 식물학자였던 존 토리와 함께 식물 표본을 채집하면서 식물학에
　대한 관심이 증폭되었고 다윈, 윌리엄 후커, 그리고 그의 아들인 조지프 후커 등
　과 같은 당대의 유명한 박물학자들을 만나며 의견을 주고받았다. 1842년 하버드
　대학의 박물학 교수가 된 그는 다윈이 북아메리카 식물에 관한 자료의 도움을 요
　청할 정도로 각별했는데 당시 다윈은《자연선택에 의한 종의 기원》(1859)과《인
　간의 유래》(1871) 등을 출간하며 큰 논란을 불러일으켰지만, 그레이는 다윈의 진
　화론을 적극적으로 지지했고 미국 식물학자 중에서 진화론을 믿는 대표적인 학자
　가 되었다. 로버트 헉슬리 편, 곽명단 옮김,《위대한 박물학자》, 21세기북스, 2009,
　286~291쪽; Asa Gray, *Botanyfor young people: Howplants grow*, New york: Amerian
　book company, 1858.

23 National Geographic Society, *The National geographic magazine*, Volume 50,
　National Geographic Society, 1927, p.167.

24 이 글에 관한 내용은 파울로 코네티의《여덟 개의 산》(현대문학, 2017)을 참조함.

25 양귀비과인 메크노푸시스(Meconopsis)와 로도덴드론(Rhododendron)은 일찍이
　영국 왕실지질협회 학자들에 의해 부탄, 히말라야 등지에서 발견되었다. 이 식물들
　은 세계 고산식물 중에서 가장 아름다운 꽃으로 분류된다. 메크노푸시스는 종류에
　따라서 해발 3500~5300미터의 고산 암석지대, 빙하의 아래에서 자란다. 키는 저
　지대에서 40~60센티미터이고, 5000미터 이상의 환경에서는 왜소하다. 꽃의 색깔
　은 청색, 홍색, 황색, 연분홍색, 자홍색 등이 있으며, 종류는 20종에 이른다. 티베트
　에서는 이 식물을 약재로 사용한다. 이에 비해 로도덴드론은 5~6월에 강렬한 주홍
　색 또는 진홍색 종 모양 꽃이 조밀하게 핀다. 성장 속도가 느린 상록 관목이며, 잎은

짙은 녹색이고 뒷면은 두껍고 부드러운 갈색 털로 덮여 있다. 중국 윈난 서쪽 티베트 남동부에 분포한다. 3400~4000미터 높이의 초지와 관목 숲에서 60~150센티미터 높이로 자란다. 한국의 박철암은 1995년 6월 중국 서부 구거왕국(古格王国)으로 가는 길에서 잎이 붉은색인 희귀식물을 발견했다고 기록했다. 향기는 은은하고 신선초 같은 모습이었다고 했다. 이 식물은 해발 4400미터에서 발견되었으며 특징은 키가 2미터 30센티 정도이고, 꽃의 지름은 30센티, 꽃의 색깔은 노란색이라고 했다. 박철암,《THE ROOF OF THE WORLD: Tibet Flowers, People and Things》 2nd Edition, 경희대학교출판부, 2015, 6~7쪽.

26 Brenda McLean, 앞의 책, pp.27~28.

27 토비 머스그레이브 외, 앞의 책, 243~244쪽.

28 심혁주,〈조지 포레스트(George Forrest, 1873-1932)의 윈난(雲南) 식물채집과 이미지의 오류〉,《江原史學》, 강원사학회, 2019, 221~240쪽.

29 Forrest, G., *Field Notes of Tress, Shrubs and Plants other than Rhododendron, Collected in Western China by Mr George Forrest 1917-1919*, Royal Horticultural Society, London, 1929, pp.151~152.

30 Brenda McLean, 앞의 책, p.66.

31 Philip S. Short, *In pursuit of plants: experiences of nineteenth & early twentieth century plant collectors* (illustrated ed.), Timber Press, 2004, p.108.

32 Forrest, G., 앞의 책, pp.236~237.

33 위의 책, p.238.

34 헤르만 헤세, 홍경호 옮김,《나비》, 범우사, 2017.

35 빙하에 관한 대화는 파올로 코녜티, 최정윤 옮김,《여덟 개의 산》, 현대문학, 2017 참조.

36 그가 영국에 들여온 식물은 다음과 같은 것들이 있다. Primula bulleyana(1906), Primula vialii(1906), Gentiana sino-ornata(1910), Rhododendron haematodes (1911), Rhododendron sinogrande(1913), Rhododendron griersonianum(1917), Camellia reticulata(1924), Camellia saluensis(1924), Magnolia campbellii ssp. mollicomata(1924).

3장 하인리히 하러

1 프랑수아즈 포마레, 김희진 옮김,《티베트: 상처 입은 문명》, 시공디스커버리, 78쪽.

2 도연명, 이치수 옮김,《도연명 전집》, 대산세계문학총서 38, 문학과지성사, 2005.

3 토머스 모어가 제시한 유토피아의 조건은 인간의 욕망을 절제하고 물질적 필요를
   최소한으로 충족하는 대신 고차원적인 수양을 추구하는 쪽이었다면, 프랜시스 베
   이컨(1561~1626)은 과학의 힘을 이용해 인간의 자연스러운 욕망을 굳이 억제할
   것이 아니라 충분히 충족시키는 것이 행복의 바탕이라고 주장했다.

4 제임스 힐튼, 이경식 옮김,《잃어버린 지평선》, 문예출판사, 2004.

5 아이거(3970미터)는 스위스 알프스의 베르네오버란트산군에 속해 있는 바위산
   이다. 아이거 북벽은 이 산의 북측 절벽인데, 벽 밑에서 정상까지의 거리가 1800미
   터에 이른다. 세상에는 아이거보다 높은 산이 무수히 많고 아이거 북벽보다 긴 절
   벽도 무수히 많다. 하지만 아이거 북벽보다 더 유명한 등반 대상지는 세상에 없다.
   역사상 가장 많은 사망자를 속출해낸 곳으로 클라이머들의 공동묘지라고 부른다.
   《한국일보》, 2006.3.9.

6 등반 성공 후, 20년 지난 1958년 하러는《하얀 거미(Die Weisse Spinn)》를 출간한
   다. '하얀 거미'는 아이거 북벽의 등반 루트 중 반드시 통과해야 하는 한 지점인데
   흡사 거미 모양처럼 펼쳐져 있는 상습적인 눈사태 지역을 의미한다. 당시 이 책은
   산악문학에 새로운 지평을 연 것으로 평가받으며 큰 관심을 받았다.

7 Heinrich Harrer, Thubten Jigme Norbu, *Tibet Is My Country: The Autobiography of
   the Brother of the Dalai Lama*, Kessinger Pub. 2006, p.23.

8 Heinrich Harrer, *Sieben Jahre in Tibet: Mein Leben Am Hofe Des Dalai Lama*,
   Ullstein-Taschenbuch-Verlag, Zweigniederlassu, 1999.

9 하인리히 하러, 박계수 옮김,《티벳에서의 7년》, 황금가지, 1997, 47쪽.

10 Heinrich Harrer, *Erinnerungen an Tibet*, Ullstein HC, 2007, p.43.

11 위의 책, p.52.

12 하인리히 하러, 박계수 옮김,《티벳에서의 7년》, 황금가지, 1997, 82쪽.

13 Heinrich Harrer, 앞의 책(1999); Douglas Martin, "Heinrich Harrer, 93, Explorer
   of Tibet, Dies", *The New York Times*, January 10, 2006.

14 John Gittings, *Obituary: Heinrich Harrer*, The Guardian, 2006.

15 하인리히 하러, 앞의 책, 309쪽.

16 한승원, 《사람의 맨발》, 불광출판사, 2014.

17 심혁주, 《냄새와 그 냄새에 관한 기묘한 이야기》, 궁리, 2021 참조.

4장 스벤 헤딘

1   하러는 APA와의 인터뷰를 통해 나치 친위대 멤버였다는 이유로 살아가는 동안 많
    은 고통과 협박을 받았음을 고백하기도 했다. 하러의 나치 친위대 증명서를 손에
    넣은 그의 학교 동문은 당시 3만 쉴링(약 270만 원, 지금의 2180유로에 해당)을 요
    구했다는 것이었다. 하러는 그에게 차라리 증명서를 경찰서에 갖다 주라고 했다는
    것을 고백했다.

2   최병욱, 《중국 근현대 천주교사 연구》, 동북아시아 학술총서 8, 경인문화사, 2020
    참조.

3   KBS 명작다큐, 〈바다의 제국 1부: 욕망의 바다, 대항해 시대의 시작을 알린 향신료〉,
    2015.1.29. 방송.

4   윤준, 이현숙 옮김, 《티베트 원정기》, 학고재, 2006; Hedin, S., *A Conquest of Tibet*, E.
    P. Dutton, New York, 1934.

5   여자 형제 중 한 명만 결혼하고, 나머지는 함께 살면서 헤딘의 가장 가까운 가족으
    로 지냈으며 나중에는 헤딘의 비서 역할까지 하며 도왔다. 헤딘은 훗날 책과 기사
    의 집필, 강의에 따른 부수입을 그의 가족에게 모두 주었다. 하칸 발퀴스트, 《스벤
    헤딘과 그의 티베트 탐험, 차마고도의 삶과 예술》, 국립중앙박물관, 2009, 211쪽.

6   Hedin, S., *My Life as an Explorer*, Oxford University Press, Oxford, 1991.

7   김순배, 〈『티베트 원정기』의 지리들: '유명'과 '무명'의 지리들 사이에서〉, 《대한지
    리학회지》 53-5, 707~708쪽.

8   혜초는 천축에 들어갔다가 중앙아시아를 거처 돌아오는 길에 총령을 넘어 소륵
    (카슈가르)에 도착해 다음과 같은 기록을 남겼다. "다시 총령에서 걸어서 한 달을
    가면 소륵에 이른다. 외국에서는 가사기리국이라 부른다. 이곳 역시 중국 군사들이
    주둔하고 있다. 절이 있고, 승려도 있으며 소승법이 행해진다. 고기와 파, 부추 등을
    먹으며 토착민들은 모직을 입는다." 연호탁, 《중앙아시아 인문학 기행》, 글항아리,
    2016, 173쪽.

9   Hedin, S., 앞의 책(1991).

10 윤준, 앞의 책(2006).

11 하칸 발퀴스트, 앞의 책, 211~213쪽.

12 여기에 관해서는 《조선비즈》, 〈신실크로드 열전, 최초로 실크로드 조사한 러시아 탐험가 니콜라이 M. 프르제발스키〉 편을 참조.

13 Sven Hedin, John Hare, *The Wandering Lake: Into the Heart of Asia*, National Geographic Society, February 2, 2010.

14 윤준, 앞의 책, 93쪽.

15 Sven Hedin, 앞의 책(1991).

16 하칸 발퀴스트, 앞의 책, 211~213쪽.

17 Sven Hedin, 앞의 책(1991).

18 위의 책, 95쪽.

19 이때 타클라마칸의 서단(西端)에서는 스벤 헤딘 못지않은 탐험가가 있었는데 아우렐 스타인(1862~1943, 헝가리)이었다. 그는 16년에 걸쳐 박물관 하나를 가득 채우고도 남을 미술품과 고사본들을 중국령 중앙아시아로부터 가져다 날랐다. Sir Aurel Stein, 《西域考古记》, 商務印書館, 2017 참조.

20 스벤 헤딘, 윤준·이현숙 옮김, 《마지막 탐험기: 스벤 헤딘 자서전》, 뜰, 2010.

21 위의 책, 45~46쪽.

22 Hedin, Sven, *Central Asia and Tibet*, Franklin Classics Trade Press 2018; *Central Asia and Tibet, Vol. 2: Towards the Holy City of Lassa*, Forgotten Books, 2015.

23 Sven Hedin, Philip Turner, Alfild Huebsch, *My Life as an Explorer The Great Adventurers Classic Memoir*, Kodansha Globe, 1996.

24 정영문, 《어떤 작위의 세계》, 문학과지성사, 2011. 일부분 인용.

5장 이폴리토 데시데리

1 여기에 관해서는 16세기 적응주의 이론적 틀을 정립한 것으로 평가받는 호세 데 아코스타의 대표적인 저작인 《인디아스 복음 선교론(De Procuranda Indorum Salute)》(1588)과 《인디아스의 자연사와 정신사(Historia Natural y Moral de las Indias)》(1590)에 나타난 '야만'의 개념을 살펴보면 확인할 수 있다. 전용갑, 〈식민 시대 중남미 예수회 연대기를 통해 본 적응주의 선교전략의 의미와 한계: 호세 데 아코스타의 《인디아스 복음 선교론》과 《인디아스의 자연사와 정신사》에 나타난 야만인 개념을 중심으로〉, 한국외국어대학교 중남미연구소, 《중남미 연구》 제40권

제1호, 2021, 34쪽. 감금이나 납치를 당할지도 모른다고 대부분이 거부했던 중국 선교를 자처한 마테오 리치(1552~1610)가 성공적으로 선교를 전파한 사례를 보면 알 수 있다. 그는 중국의 상층부부터 전도하여 차차 하층 계급으로 내려오는 방법을 사용했다. 천문학과 수학에 깊은 조예가 있었던 마테오 리치는 베이징에서 환영받았으며 황제에게도 존중을 받았다. 그러나 그는 현지의 풍습과 전통적인 신앙에 지나치게 적응했다는 이유로 도미니크파와 보수적인 집단에 의해서 비난을 받기도 했다.

2 신상철, 〈18세기 예수회 선교사를 통한 중국과 프랑스 간의 미술교류 역사: 프랑스 시누아즈리 미술의 지적 기반과 보베 공방의 중국 연작〉, 《미술사학》 32, 한국미술사교육학회, 2016, 28쪽.

3 메리 도리아 러셀, 정대단 옮김, 《스패로》, 황금가지, 2022, 9쪽.

4 김혜경, 《예수회의 적응주의 선교》, 서강대학교출판부, 2012.

5 17세기 프랑스에서는 중국에 대한 호기심이 고조되고 있었다. 사람들 사이에서는 마테오 리치의 《중국견문록》이 유행했고 지식인들 사이에서는 중국의 천문학과 수학 그리고 지도 제작의 수준이 높다고 평가되고 있었다. 1645년에 세메도(Alvaro de Semedo)의 《중국제국사(Imperio de la China)》, 1654년 마르티니(Martini Martino)의 《달단의 역사(De Bello TartaricoHistoria)》가 차례로 번역되고 1655년에는 마르티니의 《신중국지도첩(Novus Atlas Sinensis)》, 블라우(Joan Blaeu)의 《대지도첩(Atlas Major)》가 일부 출간되면서 유럽은 중국 알기에 좀 더 깊숙이 들어갈 수 있었다. 그러다가 키르헤(Athanasius Kircher)의 《중국 도판집(China monumentis)》이 1670년 프랑스어로 번역되자 사람들은 중국이 유럽의 모든 나라를 합친 것보다 면적이 넓고 인구가 많으며 또한 자원이 풍부하며, 진귀한 동식물이 많은 나라로 인식하게 되었다. Greslon, A., *Histoire de la Chine sous la dominationdes Tartares où l'on verra les choses les plus remarquables qui sont arrivées dans ce grand Empire, depuis l'année 1651, qu' ils ont achevé de le conquerir, jusqu'en 1669*, Henault, Paris. 1671.

6 정인철, 〈카시니 지도의 지도학적 특성과 의의〉, 《대한지리학회지》 41(4), 2006, 375~390쪽.

7 정인철, 〈프랑스 왕실 과학원이 18세기 유럽의 중국지도제작에 미친 영향〉, 《대한지리학회지》 49(4), 2014, 585~600쪽.

8 Pinot, V., *La Chine et la formation de l'esprit philosophique en France(1640-1740)*,

Librairie orientaliste Paul Geuthner, Paris, 1932.

9 김상근,《동서문화의 교류와 예수회 선교역사》, 한들출판사, 2006; 최병욱, 〈중국 에서의 프랑스 보교권(保敎權)의 기원과 성립: 청초(淸初) 프랑스 예수회 선교사 의 중국파견에서 청불(淸佛) 북경조약(北京條約)의 체결까지〉,《명청사연구》22, 2004, 235-270쪽.

10 張駿逸, 〈Ippolito Desideri, 旅藏情勢及其在西藏的傳敎論評〉,《輔仁歷史學報》, Vol.22, 1996, pp.130~132.

11 伍昆明,《早期傳敎士進藏活動史》, 北京: 中國藏學出版社, 1992, pp.119~124.

12 拉巴平措等編,《淸代藏事奏牘(上)》, 北京: 中國藏學出版社, 1994, p.293.

13 Huc, Evariste Regis, *Life and Travel in Tartary, Thibet, and China*, General Books, 2010.

14 당시 라싸에 머물던 주장대신(駐藏大臣) 기선(琦善)에게 발각돼 두 달 만에 추방 돼 쓰촨의 타전로(打箭爐)로 이동하게 된 윅 신부는 짧은 체류 기간에도 불구하고 라싸의 풍속과 사람들에게 매료되었다. 그는 당시의 경험을 바탕으로 기행문을 썼 는데 훗날《타타르, 티베트 여행기》라는 제목으로 유럽 사회에 퍼진다. 그의 여행 기는 1852년 프랑스어로 처음 출간된 이후, 유럽에서 환영을 받았으며 동서양의 각 언어로 번역, 출판되었다. 학술성을 가지고 있으면서도 여행기의 흥미성을 겸 비한 이 책은 중국 서부 문화를 생동적으로 소개한 것으로 알려져 있다. 여행기의 골격은 윅이 티베트로 가는 여정에서 경험하고 관찰한 중국 서부지역의 풍경, 풍 속, 문물, 제도와 사람들의 이야기로 구성되어 있는데 특히나 티베트와 몽골의 풍 속, 종교 신앙, 생활방식, 사회구조, 정치 특색에 관한 기록을 생동적으로 묘사되 어 있다. 이 여행기는 140년이 지난 1991년 중국학자 겅성(耿昇)에 의해《타타르, 티베트여행기(韃靼西藏旅行記)》라는 제목으로 중국장학출판사(中國藏學出版社, 1991)에서 출간되었다.

15 古伯察,《韃靼西藏旅行記》, 中國藏學出版社, 1991, 356쪽.

16 張駿逸, "The Custom Changes of the Tibetans After the Mid-Qing Dynasty: A Discussion Based on Father Regis-Evariste Huc's Travel Notes to Tibet,"《輔仁歷史 學報》, 2011, pp.39~40.

17 古伯察, 앞의 책, 497~498쪽.

18 Wessels. C., *Early Jesuit Travellers in Central Asia 1603-1721*, New Delhi: Asian Ecudational Services, 1992, p.206.

19 카슈미르의 역사, 지리, 종교, 민속 등 다양한 내용을 담고 있는《닐라마타 경전》에서는 카슈미르라는 말의 기원을 물에서 찾고 있다. 즉, Ka는 '물'을 의미하고 shmir는 '고갈시키다'라는 뜻으로, 카슈미르는 '물이 고갈된 땅'을 가리킨다. 연호탁,《중앙아시아 인문학 기행》, 글항아리, 2016, 542쪽.

20 위의 책, 543쪽.

21 伍昆明, 앞의 책, p.540.

22 현지인들은 그곳을 'Lhata-Yul'이라 했다.

23 伍昆明, 앞의 책, pp.570.

24 동행한 신부 마리아 델 로소는 라싸의 기후와 음식에 적응하지 못해 한 달 뒤인 4월 16일 하산했다.

25 張駿逸, 앞의 논문, pp.29~50.

26 伍昆明,《早期傳教士進藏活動史》, 北京: 中國藏學出版社, 1992.

27 宝音特古斯, 〈拉藏汗封号小考〉,《西藏研究》2期, 2014, pp.24~26. 라짱칸은 강희 45년 청조로부터 책봉을 받은 티베트 왕이다. 청조는 당시 그에게 '护法恭顺汗', '翊法恭顺汗', '扶教恭顺汗', '辅教恭顺汗'와 같은 칸이라는 봉호를 내렸다.

28 이 부분은 메리 도리아 러셀이 쓴《스패로》(황금가지, 2022)를 참조함.

29 西藏研究編輯部編,《清實錄藏族史料》第一冊, 西藏人民出版社, 1982.

30 G. Gispert-Sanch S. J, "Desideri and Tibet," *The Tibetan Journal*, No.2. Summer, 1990.

31 1717년 3월부터 7월 말까지 거주했는데 이때 주로 티베트 밀교경전인《단주얼(丹珠爾)》을 학습했다.

32 당시 준거얼의 통치자는 策妄阿拉布坦이었다. 平措次仁 外,《西藏通史: 松石寶串》, 西藏古籍出版社, 1996; 中央民族大学藏学研究院, 〈浅析和硕特蒙古在藏势力衰亡之原因〉,《四川民族学院学报》5期, 2010, pp.32~36. 호쇼트(和硕特)의 수장 구시 칸(固始汗)은 티베트 겔룩파(格鲁派)의 요청으로 1642년 군대를 이끌고 티베트에 진입했다. 그리고 당시 티베트의 왕 짱바칸(藏巴汗)의 통치권을 몰수했는데 이로부터 티베트는 구시 칸의 후예가 75년간 통치하게 된다. 그러다 1717년 준거얼의 침입으로 마침내 호쇼트의 지배는 끝을 맺고 티베트는 새로운 역사의 시대로 접어들게 된다.

33 伍昆明, 앞의 책, p.580.

34 데시데리는 전쟁의 상황 속에서도 몸은 무사했고 집필 중인 저서 또한 훼손되지

않았다. 하지만 나무 밑에 숨겨두었던 돈과 성경책은 강탈당한 것으로 전해진다. 그는 라싸에서 1721년 4월까지 살았다.

35 伍昆明, 앞의 책, pp.564~565.

36 과거 티베트 전통사회는 외부의 영향을 거의 받지 않은 것으로 알려졌지만 18세기 초반에 여행자들이 남긴 기록을 보면 타타르인, 중국인, 러시아인, 아르메니아인, 카슈미르인, 네팔인 등 다양한 나라의 상인들이 라싸에 가서 무역과 교류를 했던 사실을 엿볼 수 있다. 朱少逸,《拉薩見聞紀》, 北京: 全國圖書館文獻縮微複製中心, 1991.

37 G. Gispert-Sanch S. J, 앞의 글.

38 이 이야기는 영화 〈토리노의 말〉(2012) 중에서 일부 각색했다. 필자가 2005년 티베트 라싸 직공사원에 머무를 때, 라마에게 들은 이야기와 비슷하다.

티베트로 향한 사람들

1판 1쇄 2023년 12월 27일

지은이 | 심혁주

펴낸이 | 류종필
책임편집 | 김현대
편집 | 이정우, 이은진, 권준
경영지원 | 홍정민
표지 디자인 | 석운디자인
본문 디자인 | 박애영

펴낸곳 | (주) 도서출판 책과함께
　　　주소 (04022) 서울시 마포구 동교로 70 소와소빌딩 2층
　　　전화 (02) 335-1982
　　　팩스 (02) 335-1316
　　　전자우편 prpub@daum.net
　　　블로그 blog.naver.com/prpub
　　　등록 2003년 4월 3일 제2003-000392호

ISBN 979-11-92913-58-2 93910

＊ 이 책은 아모레퍼시픽재단의 지원을 받아 저술·출판되었습니다.